디지털
페텔카스텐

디지털
Digital
Zettelkasten
제텔카스텐

데이비드 카다비 지음

김수진 옮김

데이원

목차

01	
	정신을 위한 자전거

인터넷에 1980년대 스티브 잡스가 개인용 컴퓨터PC에 대한 비전을 이야기하는 멋진 동영상이 떠돌고 있다. 이 영상에서 그는 다양한 동물의 단위 에너지당 이동 거리를 조사한 연구 결과를 언급한다. "1㎞를 이동할 때 사용한 에너지양이 가장 적었던 동물은 콘도르Condor(아메리카 대륙에서 서식하는 맹금류—편집자 주)였습니다. 이에 비해 인간은 그저 무난한 실력을 보여 주었지요." 이 연구는 거기서 그치지 않았다. 인간이 자전거로 이동할 때의 효율성이 어느 정도 되는지 다시 시험했다. 잡스는 말한다. "인간이 자전거에 오르자, 콘도르는 경쟁 상대도 되지 못했습니다. 순위에서 완전히 밀려났지요. 제게는 컴퓨터가 그렇습니다. 컴퓨터는 우리 정신을 위한 자전거와 같습니다."

　　과연 잡스의 말대로일까? 정말로 컴퓨터는 우리 정신을 위한 자전거가 되었을까? 세계에서 가장 똑똑한 심리학자들과 컴퓨터과학자들의 목표는 온라인 미디어로 더 많은 사람의 마음을 홀리는 것이다. 오늘날 컴퓨터는 정신을 위한 자전거보다는 머릿속에서 여기저기 충돌하는 범퍼카 역할을 하는 경우가 많다.

　　나에게 컴퓨터는 항상 정신을 위한 자전거 같지만은 않다. 하지만 '제텔카스텐'을 사용할 때는 자전거를 타는 것 같은 느낌이 든다. 디지털 제텔카스텐을 사용하면, 지금 막 떠오른 따끈따끈한 생각을 내가 가지고 있는 고성능 데이터베이스와 거리낄 것 없이 수월하게 연결할 수 있기 때문이다. 이 데이터베이스 안에는 내가 과거 언젠가 읽었거나 생각했던 내용들 가운데 가장 흥미로운 것들—내가 안다는 사실은 알지만, 내 의식 저 너머에 있는 것들—이 담겨 있다. 생산성 컨설턴트 아리 마이젤Ari Meisel이 "외장 뇌external brain"라고 부르는 바로 그것이다. 이뿐만이 아니다. 제텔카스텐에 메모를 하면 힘들이지 않고도 통찰력이 생긴다. 이보다 훨씬 많은 정신적 에너지를 동원해야 겨우 얻을 수 있는 통찰력

말이다. 본래 자전거는 적은 노력을 엄청난 아웃풋으로 탈바꿈시킨다. 이런 의미에서 본다면, 제텔카스텐—특히 디지털 제텔카스텐—이야말로 정신을 위한 자전거다.

02

산만한 세상,
적은 노력으로 성과 올리기

컴퓨터가 정신을 어지럽히는 범퍼카처럼 느껴지는 경우가 많다고 해서 그것을 모두 컴퓨터 탓으로 돌릴 수는 없다. 『초집중Indistractable』에서 니르 이얄Nir Eyal이 지적하듯, 역사 기록을 보아도 원래 인류는 언제나 쉬이 집중하지 못했다.

그런데 지금 우리가 사는 세상은 그 어느 때보다 무수히 많은 작은 정보로 가득하다. 미국 최초의 신문은 월간으로 출발했지만, 1800년대 중엽 전 세계가 전신電信으로 연결되자 정보는 귀한 필수품이자 판매 대상이 되었다. 우리는 아주 작은 정보에 솔깃해하고, 소셜 미디어 앱과 뉴스 헤드라인은 이런 정보를 제공하는 장사를 한다. 그야말로 악순환이다.

우리는 책이나 글을 쓰려고 하면 끊임없는 고민에 빠진다. 집필 작업에 돌입할 것이냐, 자잘한 정보를 조금씩 맛볼 것이냐, 선택의 갈림길에 선다. 우리 뇌가 이런 계산에 들어가게 되면 우리는 도파민의 포로가 되어 막상 일은 시작도 못한다.

하지만 제텔카스텐은 우리의 짧은 집중력을 꽉 붙잡아서 우리가 생산적인 일을 할 수 있게 돕는다. 치과 대기실에서 몇 분간 기다려야 하는 상황이라면, 여러분은 어느 쪽을 선택하겠는가? 두꺼운 책을 펴들고 거창한 프로젝트에 파고들 것인가, 아니면 소셜 미디어를 보면서 시간을 흘려보낼 것인가? 만약 당신에게 디지털 제텔카스텐이 있다면 여러분에게는 제3의 선택지가 주어진다. 곧장 핸드폰에서 소소한 메모들을 가지고 작은 일들을 할 수 있기 때문이다. 이때 여러분은 읽었던 텍스트들 가운데 가장 흥미로운 것이나 지금껏 했던 생각들 가운데 가장 주목할 만한 것을 조금씩 소비하게 된다. 이런 자잘한 행동들은 본질적으로 아무 의미 없는 것으로 귀결되는 것이 아니다. 그 대신 생산적인 방식으로 여러분의 호기심을 키워서 여러분이 진행하고 있는 프로젝트를 진척시키는 데 일조한다.

03

이 책의 한계

나는 자기계발서를 집필하는 작가다. 내가 제텔카스텐을 사용하는 이유는 하나다. 내 일을 하기 위해서다.

　　내가 제텔카스텐 관련 지식을 취합하고 여러 고려 사항을 철저히 따진 뒤 이 책에 소개한 일차적인 목적도 마찬가지다. 나는 여러분의 업무 순서에 맞게 디지털 제텔카스텐을 설계할 최고의 방법이 무엇일지 고민했다. 내 경우에도 나의 업무 순서에 맞게 설계했었기 때문이다. 그런데 여기서 한계에 봉착했다. 사람마다 업무 순서와 목표가 달랐던 것이다. 다른 사람들의 목표가 내 목표와 어떻게 다른지 열심히 생각해 봤지만, 아무리 애써도 궁극적으로는 나한테 중요한 것밖에 알 수 없었다.

이 책을 쓰게 된 동기는 처음 제텔카스텐을 시작했을 때 관련 정보를 제대로 파악하느라 애를 먹었던 경험이 있었기 때문이다. 그때 나는 메모를 지렛대 삼아 지식을 보존하고 아이디어를 정리해서 글을 쓴다는 발상을 접하고 금세 매료되었다. 당시 나는 다른 기법들(가령 작가 라이언 홀리데이Ryan Holiday가 주장하는 "비망록備忘錄" 쓰기)을 시도하면서 첫 단추를 잘못 끼웠던 경험이 있던 터였다. 내가 헷갈리는 유튜브 영상이나 웹 문서, 토론 포럼을 꾹 참고 다 살펴볼 수 있었던 이유는 오로지 하나다. 그동안 내가 찾던 것을 제텔카스텐이 약속해 주었기 때문이다. 제텔카스텐 기법의 기본 원리를 파악하자 나만의 업무 순서에 이를 적용할 수 있었다.

최근 한 독자가 내게 쪽지를 보내왔다.

> 명상 덕분인지 아니면 작가님이 새로운 직업적 경지에 이르신 것인지 이유는 잘 모르겠습니다만, 작가님의 글솜씨가 지금 한창 절정에 다다른 것 같은데요!

내가 쓴 글이 갑자기 좋아진 데는 여러 이유가 있다. (위의 독자가 간파했듯) 명상도 그 가운데 하나다. 하지만 딱 한

가지 이유만 대라고 한다면 과연 무엇 때문일까? 우리 머릿속에는 '어딘가에서 읽었다는 사실만 알지' 당장 그 내용은 생각나지 않는 것들이 있다. 그런데 이런 것들을 기술을 지렛대 삼아 머리에 새로 떠오른 생각과 연결하는 시스템, 즉 제텔카스텐을 통해 발견하여 온전히 저장한 것이다. 덕분에 나는 온갖 것을 기억하는 데에 머리를 쓰는 대신 더 나은 기사, 더 나은 소식지, 더 나은 책을 집필하는 데 두뇌를 사용할 수 있게 되었다. 마침내 내 정신을 위한 자전거를 찾은 것이다.

제텔카스텐의 모든 것을 알려 주는 완벽한 비법서를 펴내기 위해서 이 책을 쓴 것은 아니다. 제텔카스텐은 내게는 비교적 새로운 방식이며, 최근 들어 부쩍 많은 사람이 여기에 관심을 보이고 있다. 내 나름의 제텔카스텐을 설계하는 과정에서 가장 많은 도움을 받은 책은 숀케 아렌스Sönke Ahrens의 『제텔카스텐』이었다. 그래도 여전히 많은 부분은 혼자 힘으로 깨우쳐야 했다. 아렌스의 책은 내가 제텔카스텐을 처음 시작할 때 봤더라면 좋았을 것 같은 아쉬움이 남는 안내서다.

따라서 이 책의 첫 번째 한계는, 지금 독자 여러분

이 펼쳐 든 이 책이 '작가인 내가 내 일을 더 잘하기 위해 노력해서 얻은 결과물'이라는 사실이다. 독자 여러분 가운데는 학자도 있을 수 있고, 언론인이나 코미디언도 있을 수 있다. 혹은 그저 자신이 읽은 내용을 잘 보존하고 싶은 마음에 이 책을 집어 들었을 수도 있다. 독자 여러분에게 중요한 것이 무엇인지 정말로 많이 고민했지만, 내가 나 이외의 다른 사람이 될 수는 없는 법이다. 이런 한계 때문에 아무래도 이 책에 담긴 나의 조언에 아쉬움이 있을 수밖에 없다.

두 번째 한계는 기술에 관한 것이다. 이 책이 출판될 때면 여기서 언급한 기술적인 내용들은 이미 업데이트되었을 것이다. 기술의 세부 사항을 파악하려면 웹상의 소프트웨어 설명서를 보거나 직접 다뤄 보는 것이 최선이다. 그래서 나는—어떤 기술이건 상관없이 모든 경우에—생각해 볼 필요가 있는 내용도 다루고, 구체적으로 어떤 툴로 무엇을 해야 할지도 경계를 넘나들며 설명할 생각이다. 대체로 디지털 툴을 이용해서 제텔카스텐 방식을 활용하는 이야기를 할 예정이다. 또한 특정한 소프트웨어는 가능한 한 언급하지 않으려 한다. 그 대신 여러분이 자기만의 디지털 제텔카스텐을 설계하고 자신에게 필요한 소프트웨어 기능이 무엇인지 판단할 때 염두에 두어야 할 원리와 방식에 대해 좀 더 높은 차원에서 이야기하고자 한다(나의 제텔카스텐에 보관되어 있던 메모가 어떻게 새로운 통찰력을 끌어냈는지도 보여 줄 생각이다).

나는 첫 번째 책을 출판할 때도 이번과 마찬가지로 미래의 유효성을 담보해야 하는 도전에 직면했었다. 『해커를 위한 디자인 레슨Design for Hackers』은 급변하는 웹디자인 기술을 다룬 책이지만, 출판된 지 10년이 지난 지금도 여전히 사람들이 즐겨 읽는다. 부디 이 책 역시 지금뿐만 아니라 먼 미래에도 그 쓰임새를 잃지 않기를 바란다.

04	
	# 제텔카스텐이란 무엇인가

지금 여러분이 자기만의 제텔카스텐 설계법에 관한 책을 읽고 있다면, 아마도 제텔카스텐이 무엇인지 전반적인 개념은 이미 파악한 상태일 것이다. 그러니 너무 깊이 파고들지는 않겠다.

　　제텔카스텐Zettelkasten은 "메모 상자"라는 뜻의 독일어다(복수형은 제텔케스텐Zettelkästen). 영어로는 "슬립 박스slip-box"라고 한다. 아날로그 형태의 제텔카스텐은 문자 그대로 메모가 적힌 쪽지로 가득한 상자다. 여기에는 이런 메모를 정리하는 데에 사용된 메타데이터도 포함되어 있다. 제텔카스텐은 위계적이지 않은 방식으로 종이쪽지를 정리한다. 이때한 가지 메모를 하나의 카테고리 안에만 두지 않는다. 그렇다고 같은 메모를 여러 곳에 두기 위해 사본을 여러 장 만들 필요도 없다. 그 대신, 다양한 경로로 개별 메모에 도달할 수 있게 메모를 정리한다. 또한 하나의 메모에서 다양한 메모로 이어지도록 정리한다. 오늘날의 인터넷과 매우 비슷한데, 다만 종이 형태라는 점이 다르다.

제텔카스텐 방식은 16세기부터 존재했다. 이 방식을 실천한 사람 가운데 가장 유명한 사람은 니클라스 루만Niklas Luhmann이다. 독일 출신 사회학자였던 그는 제텔카스텐을 활용해서 무려 70권의 저서와 수백 편의 논문을 집필했다.

옛날 도서관에 있던 색인 카드와 달리 제텔카스텐은 개별 메모를 찾는 것이 목적이 아니다. 그보다는 여러 메모 사이의 연결 관계를 탐구하는 것이 포인트다. 그러면 지식을 취합하기 쉬워져서 보고서나 책을 빨리 쓸 수 있고, 검색을 확장할 필요가 있는 영역도 쉽게 찾을 수 있다. 이 외에도 추가로 제텔카스텐을 정리하는 과정에서 예기치 않은 깨달음을 얻게 되는 경우도 많다. 여러 메모를 서로 연결하거나 개별 메모의 키워드를 정하는 과정에서 불쑥 통찰력이 생긴다.

애초에 제텔카스텐은 종이라는 한계를 염두에 두고

개발되었고 그에 따른 특징을 지니고 있었다. 이후 작가들이나 학자들, 학생들이 제텔카스텐 방식을 디지털 툴에 맞게 바꾸면서 아날로그 제텔카스텐의 특징 가운데 계속 유지해야 하는 것이 무엇인지 고민하게 되었다. 그러면서 디지털 툴이 아날로그 제텔카스텐에는 없었던 새로운 가능성(과 한계)을 제공한다는 사실도 알게 되었다.

슬립? 제텔? 메모?

"슬립 박스"와 "제텔카스텐", 이 두 용어는 병용할 수 있다. 슬립 박스 속의 슬립, 즉 쪽지는 "제텔"이라고 해도 된다. 슬립과 제텔은 "메모"라고 불러도 된다.

05

무엇을 위한 제텔카스텐인가

여러분의 디지털 제텔카스텐을 설계할 때, 아날로그 기술에서 어떤 요소들을 취사선택할지 고민하기에 앞서 먼저 해야 할 일이 있다. 여러분의 제텔카스텐이 무엇을 위해 필요한지를 먼저 알아야 한다.

우선 제텔카스텐은 글을 뽑아내는 데 도움을 준다. 내가 작가라서 다소 편향된 관점을 지닌 것일 수도 있다. 하지만 아무리 상상해도 글쓰기 말고는 제텔카스텐의 궁극적인 쓸모가 무엇인지 떠오르지 않는다. 제텔카스텐은 우리가 읽은 내용을 잘 보존하도록 도와준다. 그 덕분에 우리는 그렇게 얻은 지식을 글로 승화할 수 있다. 제텔카스텐은 우리 기억력이 모자랄 때 지식을 찾는 데에도 일조한다. 그러면 우리는 그 지식을 글로 탈바꿈시킬 수 있다. 제텔카스텐은 다음에 무엇을 읽을지 정하고 우리 아이디어를 발전시키도록 해 준다—심지어 아이디어를 떠올리게 도와주기도 한다. 그런데 이 모두가 다 무엇을 위한 것일까? 바로 글을 생산하기 위해서다.

이러한 근본적인 목적들을 하나하나 조금 더 자세히 짚어 보자.

○ **읽은 내용 잘 보존하기:** 이제 독서를 마치는 순간, 책 내용이 무엇이었는지 잊을 일은 없다. 제텔카스텐은 독서를 일련의 즐거운 의식ritual으로 만든다. 이 의식이 즐거운 이유는, 이를 통해 자신이 가장 흥미롭게 읽었던 부분에 반복적으로 노출되기 때문이다. 결과적으로 이는 여러분이 읽은 내용을 보존하는 데 도움이 된다.

○ **읽은 내용 신속하게 찾아내기:** 더는 페이지를 뒤지면서 인용하려는 대목을 찾을 필요 없다. 디지털 제텔카스텐을 이용하면 정확한 인용 구문을 단 몇 초 만

에 복사해서 붙일 수 있다. 서지 정보도 기록하도록 선택하여 활용할 수 있다.

○ **이어서 다음에 읽을 것 발견하기:** 제텔카스텐은 여러분이 생산적인 방식으로 자신의 호기심을 쫓을 수 있게 해 준다. 뭘 읽을지 찾는 중이라면, 제텔카스텐을 들여다보면 된다. 여러분의 호기심에 불을 붙이는 것이 무엇인지 발견할 수 있기 때문이다. 여러분이 무엇을 선택하건, 그 주제를 탐구해 보면 여러분의 글쓰기 프로젝트에 분명 진전이 있을 것이다.

○ **기존 아이디어 발전시키기:** 글쓰기 프로젝트를 시작할 때마다 백지에서 출발하지 않아도 된다. 이미 써놓은 짧은 단락들을 이어 붙여서 즉석에서 초안을 만들 수 있다.

○ **새로운 아이디어 떠올리기:** 이제 오래전 읽고 썼던 내용을 기억하거나 찾아내느라 정신적 에너지를 소모하지 않아도 된다. 그러면 새로운 아이디어를 생각

해 내는 데 더 많은 정신적 에너지를 할애할 수 있다. 메모를 정리하는 작업만으로 사력을 다하지 않고도 새로운 아이디어가 번뜩이는 경험이 가능하다. 우리는 제텔카스텐 덕분에 이런 일들을 쉽게 해내면서 글을 생산하고 발송할 수 있게 된다. 이렇게 해서 쓰게 된 글로 무엇을 할지는 오롯이 여러분에게 달려 있다. 여러분은 연구 보고서를 작성해야 하는 대학원생일 수 있다. 강의를 준비하는 교수이거나, 기말 보고서를 써야 하는 대학생일 수도 있다. 어쩌면 그냥 친구들과 술 한잔하면서 최근에 읽은 책을 즉석에서 모두 기억해 내는 모습으로 친구들 코를 납작하게 만들고 싶을 뿐일 수도 있다. 아니면 나처럼 작가일 수도 있다. 어쨌건 모든 것은 글쓰기로 통한다. 그리고 제텔카스텐은 이 모든 것을 수월하게 만들어 준다.

06

오해 바로잡기

나는 시작할 때는 꺼리다가 나중에는 좋아하게 된 것들이 많다. 메모 작성법을 처음 배웠을 때도 거부감이 컸다. 새로운 것을 배우면 반드시 기존의 것을 바꾸는 작업이 따라오기 때문이다(때로는 아는 것이 병이 된다).

여기서는 메모 작성에 관한 몇 가지 오해를 바로잡고자 한다. 이런 오해야말로 한동안 내가 메모 작성을 꺼리게 만든 주범이기도 했다.

1. 메모는 읽는 즐거움을 앗아가지 않는다.

나는 읽는 행위가 좋다. 책 한 권 손에 들고 소파에 편하게 자리 잡고 앉아 잘 지은 글을 눈으로 따라가는 것을 좋아한다. 그래서 내가 즐겁게 여기는 활동을 즐겁지 않은 일로 만들고 싶지 않았다. 나의 독서 습관을 바꾸고 싶지 않았고, 독서를 힘들게 만들고 싶지도 않았다.

그러나 메모하기가 반드시 독서를 힘들게 하는 것은 아니다. 메모 작성은 즐거우면서도 편한 일련의 활동이 될 수 있다. 그러면 이 모든 것이 쌓여 훌륭한 결과물이 된다. 하루 종일 실컷 독서를 하고 제텔카스텐을 관리함으로써 다양한 활동을 할 수 있다. 즉, 내가 읽고 쓰고 생각하는 데 들이는 시간을 늘리면서도 딱히 피곤해지지 않을 수 있다는 뜻이다. 이런 활동은 다양한 "정신 상태"에서 이루어진다(내가 『시간 관리 대신 마음 관리Mind Management, Not Time Management』에서 제시했던 '창의적 작업을 하는 일곱 가지 정신 상태'와 매우 유사하다). 그렇게 되면 독서는 그저 읽는 활동이 아니라 다른 작업과 연계되는 활동이 된다. 이때 각각의 활동은 그다음 활동에 반영된다.

그렇게 된다고 하더라도 여전히 "즐거움"을 위한 독서도 계속할 수 있다. 나 역시 모든 독서에 메모 과정을 거치는 것은 아니다. 잘 쓴 글을 눈으로 따라갈 때 느끼는 단순한 즐거움만을 위한 독서도 여전히 즐긴다.

2. 메모는 읽은 내용을 영혼 없이 전부 적는 것이 아니다.

메모하는 모습을 처음 접했을 때만 해도, 읽은 내용을 영혼 없이 전부 적는 것처럼 보였다. 그래서 무의미하다고 생각했고, '방금 읽은 내용을 대체 왜 적는 거지?', '굳이 메모하느라 읽기를 멈추면서 독서를 망치는 이유가 뭐지?'라는 생각이 들었다.

새로운 아이디어를 떠올리기 좋아하는 사람으로서 걱정스럽기도 했다. 특히 읽은 내용을 영혼 없이 적으면 마음속에 나만의 아이디어를 생각해 낼 여유 공간이 거의 남지 않을 것 같았다. 내 마음이 온전히 다른 사람들의 아이디어로 가득 차는 것이 싫었다.

지금은 메모가 읽은 내용을 전부 영혼 없이 적는 것이 아니라는 사실을 잘 안다. 물론 메모를 잘못하면 그렇게 될 수도 있다. 하지만 제대로만 하면 그렇지 않다. 첫째, 자기가 읽은 무언가를 적어 보는 것은 쓸모없는 일이 아니다. 읽은 그대로 토씨 하나 틀리지 않게 적더라도 그 내용을 보존하는 데 도움이 된다. 그래도 올바른 메모법은 글자 하나하나 베껴 쓰는 것이 아니다(단, 정확한 인용문을 적는 경우는 예외다). 그 대신 자신만의 언어로 다시 써야 한다. 그러면 훨씬 더 위력적인 메모가 된다. 둘째, 읽은 내용을 전부 다 적는 것이 아니다. 중요한 것만 적어야 한다. 흥미롭거나, 자기가 하는 작업과 관련 있거나, 아니면 보존하고 싶은 내용만 적도록 한다.

3. 메모 작성은 지루하지 않다.

메모 작성 중 어떤 부분은 지루해 보인다. 특히 읽은 내용을 영혼 없이 전부 적는 것이 메모라고 생각한다면 이는 맞는 말이다. 메모가 그런 것이 아님을 안다고 하더라도, 무언가를 다시 고쳐 쓰는 일은 지겨운 것처럼 보인다.

그런데 놀랍게도 그렇지 않다. 재미있다. 세상에는 눈앞에 놓인 백지보다 더 무시무시한 것이 별로 없다. 백지를 채우기보다는 무언가를 자기 스타일로 다시 고쳐 쓰는 편이 훨씬 쉽다. 너무 쉬워서 지루할 정도도 아니고, 너무 힘들어서 한참 머리를 싸매야 할 정도도 아니다. 딱 몰두할 수 있을 만큼 도전적이다. 이렇게 큰 힘 들이지 않고 글을 쓰는 버릇을 들이면, 두뇌가 단련되어 다른 상황에서 실제로 맨 처음부터 시작해야 할 때 겁을 덜 먹게 된다. 제텔카스텐을 관리하면서 하게 되는 다른 활동들, 가령 키워드를 추가하거나 메모를 서로 연결하는 작업 등도 딱 재미를 느낄 만큼 도전적인 과제들이다. 이때 느끼는 재미는 구절을 다시 고쳐 쓸 때와는 다른 종류의 재미다.

무언가를 다시 고쳐 쓰는 작업 역시 무의미한 것 같아서 지루해 보인다. 확실히 이런 작업으로는 새로운 것이 나올 수 없을 것만 같다. 결국 읽기만 한 것이니까. 하지만 텍스트 가운데 한 대목에 주의를 집중해서 이를 다시 고쳐 쓰는 활동만으로도 자기가 쓰고 있는 것과 관련된 다른 모든 것을 생각하게 된다. 우리 뇌의 연상 능력은 키워드를 추가하고 메모를 서로 연결할 때 훨씬 더 활발히 작동하기 때문이다.

여러 구절을 다시 고쳐 쓰고, 키워드를 선택하고, 메모와 메모를 서로 연결하다 보면 연상하면서 생각하게 된다. 이에 관련한 연구 결과, 연상적 사고는 기분을 좋게 만드는 것으로 입증되었다. 메모가 거짓말처럼 재미있는 이유도 아마 이 때문인 듯하다.

4. 구글은 메모의 대체품이 아니다.

나도 예전에는 그렇게 생각했다. "지식을 데이터베

이스화해서 보관하는 게 대체 무슨 의미가 있지? 인터넷에서 인류의 모든 지식을 공짜로 접할 수 있는데 말이야. 참고해야 할 것이 있으면 검색만 하면 되는걸."

구글Google 같은 검색 엔진은 글을 쓰는 동안 수치와 사실 확인을 신속히 할 수 있어서 유용하다. 하지만 여러분이 적어 둔 메모는 사실과 숫자를 단순히 기록해 놓은 것이 아니다. 물론 그런 경우도 있겠지만, 제텔카스텐을 통해 작성한 메모에는 여러분만의 생각이 담겨 있다.

가령 스코틀랜드 해군 소속 외과의 제임스 린드James Lind가 1747년 선원들에게 레몬주스를 먹여 괴혈병을 예방함으로써 이른바 최초의 임상 시험에 성공한 사실에 대해 알아보고 싶다고 하자. 여러분이 알고 싶은 내용은 이것이 전부가 아닐 것이다. 어쩌면 여러분의 메모에는 이와 연결해서 영국 해군이 그 후로도 40년간 선원들에게 레몬주스를 보급하지 않았고, 그 사이 전함마다 선원의 30~50%를 괴혈병으로 잃었다는 사실도 기록되어 있을 수 있다. 아니면 린드 스스로도 자신의 발견에 의구심을 가졌던 사실에 주목했을 수도 있다. 또는 이 사실을 이그나즈 제멜바이스Ignaz Semmelweis가 직면했던 회의론과 연관 지었을 수도 있다(제멜바이스는 산부인과 의사들이 분만 전 손을 씻으면 출산 후 산모의 사망률이 줄어든다는 사실을 발견했지만, 당대에는 회의적인 시각에 부딪혔다).

위키피디아 검색만으로 이처럼 연관된 모든 사실을 발견할 가능성은 거의 없다. 만에 하나 발견한다고 하더라도, 아무것도 알 필요 없이 검색만 하면 된다는 생각은 과대평가된 것이다. 물론 암기 위주의 교과 과정은 재고해야 한다. 하지만 어느 시점이 되면 검색은 작업 기억을 낭비하는 셈이 된다(작업 기억은 단순히 찾아낸 사실을 포착하기보다 창의적으로 사고하는 데 사용하는 두뇌 능력이다).

제텔카스텐을 기억력 대체 도구로 사용하지 않는 것이 모순처럼 보일 수도 있다. 왜냐하면 제텔카스텐의 목적에는 당장 기억하지 못하는 정보를 찾는 것도 포함되어 있기 때문이다. 그러나 메모를 이용해서 기억을 일깨우는 것과 기억을 대체하는 것 사이에는 큰 차이가 있다. 물론 인터넷 기사로도 얼마든지 기억을 되살릴 수 있다고 생각할 수 있다. 하지만 제텔카스텐은 그저 기억을 일깨워 주는 역할만 하는 것이 아니다. 제텔카스텐 관리에 동반된 활동들이 기억을 강화하는 덕분에 일차적으로 기억을 일깨울 필요성 자체가 적어진다.

제텔카스텐은 불완전한 생각과의 연결도 저장할 수 있게 해 준다. 가령 여러분이 레몬주스의 괴혈병 예방 효과가 입증된 후에도 영국 해군이 선원들에게 주스를 공급하지 않았다는 사실을 이미 알고 있다고 하자. 그래도 제텔카스텐 덕분에 여러분은 바로 이 내용이 적힌 메모에 여러 차례 노출될 수도 있고, 다른 다양한 메모들을 접하는 과정에서 이 정보가 다시 생각날 수도 있다. 그러다 보면 이런 내용을 다른 무언가와 연결해서 인터넷에서는 찾을 수 없는 새로운 아이디어를 탄생시킬 수 있다.

그러므로 검색 엔진과 인터넷은 메모를 대체할 수 없다. 메모에는 단순한 사실 이상이 담겨 있기 때문이다. 그런 메모를 관리하는 과정에서 여러분은 기억을 구축한다. 메모는 여러분이 현재 진행하고 있는 아이디어를 저장하고 발전시키도록 도와준다.

07

디지털이냐 종이냐, 그것이 문제로다

나의 업무 순서 설계 원칙은 하나다. 새로운 정보에 노출되어 그 정보를 흡수한 뒤, 이를 찾아내어 발전시키고 연결한 다음 글로 승화시키는 것이다. 이때 단계별 마찰은 최소화한다. 자전거처럼 말이다. 나의 바람은 투자하는 인풋(정신 에너지) 대비 최대 아웃풋(성과)을 얻는 것이다. 여기서 말하는 "최대 아웃풋"은 꼭 내가 입력하거나 출판하는 낱말의 개수만을 뜻하는 것이 아니다. 나는 내가 생산하는 글이 질적으로도 뛰어났으면 좋겠다. 또한 내가 투자하는 것은 "정신에너지"이지 시간이 아니다. 창의력이 관건인 경우, 나의 세 번째 책 제목처럼 "시간 관리 대신 마음 관리"가 생산성을 결정한다.

제텔카스텐을 사용하기로 했다면, 종이로 할지 디지털로 할지 정해야 한다. 이때 판단 기준으로 삼기 위해 스스로 질문해 봐야 할 것이 있다. 과연 어느 쪽이 정신을 위한 자전거에 더 부합할까? 그냥 하는 말이 아니라, 정말로 따져 봐야 한다. 여러분의 업무 순서에 따라 상자 속 메모 쪽지가 디지털 메모보다 더 효율적일 수도 있다. 또는 두 가지 방식을 혼용할 수도 있다. 디지털 메모는 "외장 뇌"로 사용하고, 종이 메모는 특정 프로젝트용으로 사용하는 식으로 말이다.

우리는 자전거를 탈 때 기어를 바꿔 가면서 탄다. 타는 사람의 체력이나 에너지, 지형에 따라 자전거가 잘 나가게 하는 적절한 기어가 있기 때문이다. 우리가 사용하는 툴도 마찬가지다. 우리 몸의 일부를 일절 동원하지 않고 사용할 수 있는 기술은 없다. 자전거 기어를 1단으로 설정하고 계속 가파른 언덕만 오르면 피곤해지듯, 항상 고성능 툴을 사용하면 산만해질 수 있다. 그러면 메모 내용에 대한 집중력이 한계에 도달한다.

디지털 메모가 종이 메모보다 자신에게 적합한지 판단할 때 고려해야 할 사항 몇 가지를 소개하고자 한다.

디지털 메모의 강점

○ 검색 능력

· 디지털 메모는 보유하고 있는 데이터베이스 전체를 검색 대상으로 삼을 수 있다.

· 종이 메모로 특정 정보를 찾는 방법은 제한되어 있다. 즉 키워드, 다른 메모와의 링크, 메모 제목, 수작업으로 메모를 분류하는 방법으로만 검색할 수 있다.

○ 휴대성

· 디지털 메모는 전자 기기만 있으면 어디서든 접속해서 메모를 편집할 수 있다.

· 종이 메모는 가지고 다녀야 한다.

○ 백업

· 디지털 메모는 기기에도 저장되고 클라우드에도 백업된다.

· 종이 메모는 쉽사리 파손되거나 분실될 위험이 있다.

○ **속도**

· 디지털 메모는 신속히 입력, 링크, 검색할 수 있다.

· 종이 메모는 손으로 적거나, 인쇄하거나, 타자기로 작성하기 때문에 작업 속도가 느려질 수 있다.

○ **변경 가능성**

· 디지털 메모는 손쉽게 수정할 수 있다.

· 종이 메모를 수정하려면 다시 만들어야 한다.

○ **역동성**

· 디지털 메모는 변경 사항이 생기면 그 메모가 언급된 모든 곳에 변경 내용이 업데이트된다.

· 종이 메모는 한 번에 한 가지 메모만 변경할 수 있다.

○ **협업**

· 디지털 메모는 프로젝트 협업을 위해 세계 어느 곳에 있는 동료와도 공유할 수 있다.

· 종이 메모는 물리적으로 다루어야 해서 다른 사람과 공유하면서 협업하기가 힘들다.

종이 메모의 강점

○ 직접 만져서 다룰 수 있음

· 종이 메모는 쉽게 섞을 수도, 쌓을 수도, 나란히 배열할 수도 있다.

· 디지털 메모는 서로 비교하기 위해 나란히 배열하기가 번거롭다.

○ 집중력

· 종이 메모를 사용하면 인터넷에 접속하지 않기 때문에 알림이 뜨거나 소프트웨어 업데이트 등으로 방해받을 염려가 없다.

· 디지털 메모를 사용하면 기기를 사용하는 동안 집중력을 떨어뜨릴 수 있는 모든 것에 노출된다.

○ 기억력 유지

· 종이 메모는 자료를 잘 기억하는 데 도움을 줄 수 있다. 연구 결과에 따르면, 손으로 적으면 기억이 잘 유지된다고 한다.

· 디지털 메모를 사용하면 정보를 적는 동안 그 정보

를 처리할 필요가 없어서 외우지 않게 된다.

○ **개인 정보**
· 종이 메모는 해킹이나 사찰 대상이 되기 어렵다.
· 디지털 메모는 다른 사람이 접근할 수 있다. 특히 클라우드 서비스에 저장되면 더 쉽게 노출될 수 있다.

주의사항

이렇게 비교해 보면 각자 다른 결과를 얻을 수 있다. 여러분 각자 선호하는 바와 능력에 따라 장점이라 느끼는 것이 다를 수 있기 때문이다. 가령 개인에 따라 종이보다 디지털 메모를 자세히 분류하기 더 쉽다고 느낄 수도 있다. 혹은 종이 메모를 사용하면 새로운 정보에 노출되는 속도가 느려서 집중력이 떨어진다고 생각할 수도 있고, 여러분이 사용하는 툴에 따라 비교 과정에서 가정한 내용이 무너질 수도 있다. 종이 메모를 손으로 적지 않거나 디지털 메모를 자판으로 입력하지 않는 경우도 있다. 여러분이 사용하는 툴이나 여러분의 라이프 스타일에 따라 디지털 메모가 종이 메모보다 사생활 보호에 더 유리할 수도 있다. 여러분

의 업무 순서에 따라 몇몇 우려 사항은 고려할 필요가 없을
지도 모른다. 예를 들어 어떤 메모의 변경 내용이 이 메모를
참조한 모든 메모에 반영되는지 여부가 여러분의 업무 순서
에는 크게 중요하지 않을 수도 있다.

08	
	# 어떤 앱을 사용해야 할까

(정답: 원하는 대로 아무거나)

세상에는 수백 가지는 아니라도 수십 가지의 메모 앱이 있다. 가능한 옵션도 엄청나게 많고, 계속해서 많은 앱이 추가되기도 하고 사라지기도 한다. 하지만 메모는 복잡할 필요가 없다. 그래서 여기서는 특정 앱이 필요하지 않은 접근법, 즉 평문plain-text(암호화되지 않고 전송 또는 저장된 데이터—편집자 주)파일을 추천한다.

평문의 즐거움

평문 파일은 디지털 제텔카스텐에 적합한 훌륭한 옵션이다. 그 이유는 무엇일까?

○ **평문 파일은 데이터 이식성이 높다.** 평문 메모 접근용으로 사용할 앱은 수없이 많다. 사용하던 앱이 더는 마음에 들지 않으면 얼마든지 중단하고 다른 앱을 쓰면 된다. 여러 앱을 동시에 같이 사용할 수도 있다. 앱마다 여러분이 좋아하는 기능을 사용하거나 기기에 따라 더 잘 작동하는 앱을 각각 사용할 수도 있다.

○ **평문 파일은 간결하다.** 메모 앱 가운데는 다양한 요소를 만드는 기능 때문에 비대해진 앱들이 많다. 사실 이런 요소들은 대부분 평문으로도 만들 수 있는 것들이다. 평문을 사용하면 폰트를 선택하거나 복잡한 포매팅formatting(서식 설정—편집자 주)을 하느라 작업 속도가 느려지지 않는다. 뒤에서 설명할 마크다운Markdown을 사용하면, 그냥 자판에서 필요한 포매팅을 할 수 있다.

○ **평문 파일은 용량이 적다.** 평문 메모는 저장 공간을 거의 차지하지 않는다.

○ **평문 파일은 빠르다.** 비대한 소프트웨어에 메모가 로딩되기를 기다릴 필요가 없다. 믿을 수 없을 만큼 빠르게 메모를 검색해서 접근할 수 있다.

○ **평문 파일은 오프라인에서도 호환될 수 있다.** 어떤 메모 앱은 인터넷에 접속하지 않으면 사용할 수 없는 것도 있다. 아니면 오프라인에서 사용하려면 추가 비용을 지불해야 한다. 반면 평문 파일은 다양한 기기에 저장되기 때문에 오프라인 상태에서도 자유롭게 접근할 수 있다.

○ **평문 파일은 미래에도 사용할 수 있다.** 컴퓨터가 있는 한, 평문 파일은 얼마든지 읽을 수 있다. 트랜스휴머니스트transhumanist(과학 기술을 이용해 사람의 정신 및 육체적 성질과 능력을 개선하려는 지적, 문화적 운동을 주도하는 사람들—편집자 주) 가운데는 이런 나의 주장에 이의를 제기하는 사람들이 있을 수 있지만, 이것은 사실이다. 내기해도 좋다.

동기화 문제

평문 파일을 선택하면 디지털 제텔카스텐이 평문 파일로 이루어진다. 이들 평문 파일은 하드디스크 드라이브 폴더 안에 정리된다(폴더 구조에 대해서는 뒤에서 설명하겠다). 그런데 이 대목에서 사람들이 흔히 혼동한다. "그럼 동기화는 어떻게 되는 거지?" 메모 앱을 사용하는 동안 우리는 앱 회사가 관리하는 독자적인 서버에서 독자적인 포맷에 메모를 종속시키는 것에 익숙해진다. 그러다 보면 우리가 소유한 파일을 동기화할 수 있는 다른 동기화 서비스도 사용하고 있다는 사실을 잊어버리고 만다.

여러분이 작성한 메모는 드롭박스나 아이클라우드, 구글드라이브 같은 동기화 서비스에서 얼마든지 동기화할 수 있다. 다양한 기기에 사용할 수 있는 여러 메모 앱이 이들 서비스를 지원한다. 제삼자에게 여러분의 데이터를 맡기지 않겠다면, 여러분만의 웹데브WebDAV(사용자가 원격 서버에 저장된 파일을 관리할 수 있게 해 주는 HTTP 프로토콜—편집자 주) 서버를 설치하면 된다. 동료들과 협업할 때 서로의 작업 내용을 덮어쓰지 않으면서 진행하고자 한다면 깃Git(리누스 토르발스Linus Torvalds가 개발한 분산형 버전 관리 시스템—편집자 주)을 사용하면 된다. 옵시디언Obsidian처럼 암호화된 동기화 서비스를 제공하는 메모 앱도 있다. 이 경우 벤더 로크인vendor lock-in(공급 업체 종속—편집자 주) 문제가 우려될 수도 있다. 하지만 옵시디언은 평문 파일용이기 때문에, 더 이상 이 서비스를 사용하지 않겠다면 여러분이 작성한 메모를 손쉽게 챙겨 나올 수 있다.

마크다운

평문의 장점 중 하나는 간결성이다. 하지만 이런 장점이 단점이 되기도 한다. 읽기 쉽게 메모를 작성하고 싶다면 제목, 볼드체, 이탤릭체 등의 포매팅을 활용하면 된다. 마크다운 언어(가벼운 일반 텍스트 기반으로 태그 등을 이용하여 문서나 데이터의 구조를 명기하는 언어—편집자 주)를 사용하면 벤더 로크인이나 파일 크기가 비대해지는 문제 없이 텍스트 파일을 포매팅할 수 있다. 마크다운 파일을 RTF 형식으로 볼 수 있게 하는 프로그램도 많지만, 평문 역시 읽기 쉽다.

마크다운은 평문으로 된 기본 큐cue(대사, 동작, 음악 따위의 시작을 지시하는 신호—편집자 주)를 포매팅으로 해석한다. 몇몇 일반적인 사례는 다음과 같다.

Here's a header
Here's some body text. *Bold*. **Italic**.

- List item 1
- List item 2

[Link anchor text](http://website.com)

마크다운 호환 앱에서 미리보기를 하면 다음과 같이 보인다.

Here's a header

Here's some body text. **Bold.** *Italic.*

· List item 1
· List item 2

Link anchor text ↗

그래도 평문 버전이 여전히 읽기 힘들다면, 일부 마크다운 호환 앱에서는 다음과 같이 입력할 때 포매팅을 미리보기하는 방법으로 보완하는 경우가 많다. 예를 들자면 아래와 같다.

```
# Here's a header
Here's some body text. **Bold**. **Italic**.

- List item 1
- List item 2

[Link anchor text](http://website.com)
```

마크다운 파일은 .txt 대신 .md 확장자로 작성된다. 마크다운에는 이외에도 더 많은 포매팅 옵션이 있다. 하지만 마크다운 언어의 세세한 부분까지 다 다루는 것은 이 책의 영역을 벗어나는 일이다. 필요하다면 웹 검색만으로도 쉽게 설명서를 찾을 수 있다.

위키링크스Wikilinks(또는 프리링크Freelink)

마크다운을 유용하게 만드는 또 다른 기술은 위키링크스(일명 프리링크)라는 일부 앱에서 사용하는 확장 기술이다. 마크다운에 추가된 이 기능 덕분에, 쉽게 읽고 쓰는 평문 텍스트를 사용하는 제텔카스텐 속의 다른 마크다운 파일로 링크될 수 있다.

가령 여러분에게 "자아 고갈은 실재하는가.md"라는

파일명을 지닌 마크다운 파일이 있다고 하자. 이 경우 여러분이 또 다른 마크다운 파일 안에서 [[자아 고갈은 실재하는가]]라고 입력하면 바로 이 파일로 링크된다(다양한 파일 명명법에 대한 찬반양론은 나중에 다룰 예정이다). 앱에 따라 위키링크스 지원 방식은 살짝 다르다. 어떤 앱은 위의 파일명을 지닌 파일이 어느 폴더에 들어 있건 상관하지 않고 이를 찾기 위해 제텔카스텐 전체를 검색한다. 그런가 하면 같은 폴더에 있어야만 파일이 링크되는 앱도 있다.

따라서 이에 맞게 여러분의 디지털 제텔카스텐을 설계하면 된다. 하지만 위키링크스 지원 방식이 다르다는 이유만으로 이 두 가지 툴을 함께 사용할 수 없는 것은 아니다. 나만 해도 현재 데이터베이스 전체와 링크되는 툴과 그렇지 않은 툴을 둘 다 사용하고 있다. 하지만 이들 툴을 서로 다른 작업에 사용하기 때문에, 호환성 차이로 인해 내 작업 속도가 느려지는 일은 없다. 나는 데이터베이스 전체에 링크되지 않는 툴을 사용할 때는 새로 링크를 만들지 않는다. 책 뒷부분에서 설명하겠지만, 링크를 새로 만드는 일은 별개의 작업이기 때문이다.

09

제텔카스텐의 해부학

디지털 제텔카스텐을 처음 시작할 때, 다음과 같은 업무 순서도를 따르도록 제안하고 싶다.

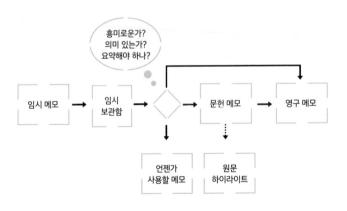

전통적인 제텔카스텐은 세 가지 유형의 메모로 구성된다(뒤에서 이 세 가지 유형을 더 잘게 나누어 설명하겠다).

○ **임시 메모**Fleeting Notes: "급히" 임시로 작성하는 메모

○ **문헌 메모**Literature Notes: 논문이나 책 등의 내용 전체를 압축한 메모

○ **영구 메모**Permanent Notes: 하나의 아이디어를 요약한 메모. 영구 메모에는 키워드가 부여되고 다른 메모들과 링크로 연결된다.

문헌 메모와 영구 메모는 각각의 폴더에 담겨 여러분의 제텔카스텐 안에 정리된다. 임시 메모는 말 그대로 임시로 작성한 것이라, 종이쪽지나 폰에 있는 메모 앱 등 여러 곳에 흩어져 있을 수 있다.

나는 "문헌 메모"와 "영구 메모"(또는 "슬립 박스(메모 상자―역자 주)")와 별도로 다음과 같이 세 가지 폴더를 더 만들라고 추천하고 싶다.

- **임시 보관함**Inbox
- **언젠가 사용할 메모**Someday/Maybe
- **원문**Raw

임시 보관함은 내가 처리할 필요가 있는 메모를 보관하는 곳이다. 여기에는 내 생각을 적어 둔 글이나 친구가 찾아보라고 추천한 것, 내가 읽은 내용 가운데 하이라이트한 것 등을 보관한다. 제텔카스텐을 관리할 때는 일종의 의식처럼 규칙적으로 이 임시 보관함을 처리하는 작업을 해야 한다.

언젠가 사용할 메모는 데이비드 앨런David Allen의 책인 『쏟아지는 일 완벽하게 해내는 법Getting Things Done』의 생산성 시스템에서 빌려 온 것이다. 우리는 어느 정도 흥미롭기는 하지만 현재 진행 중인 프로젝트와 관련해서 더 조사할 필요가 있을 정도로 흥미롭거나 의미 있지는 않은 것들을 자주 접하게 된다. 이런 것들을 "언젠가 사용할 메모"로 지정해 두면 그 아이디어를 당장 더 파고들지는 않더라도 그냥 흘려보낼 염려는 덜 수 있다.

원문은 책이나 논문에서 내보내기로 보낸 하이라이

트한 "원문"을 저장하는 곳이다. 여러분은 이들 하이라이트를 압축하겠지만, 때때로 압축된 하이라이트만으로는 충분치 않을 수 있다. 가령 원래 자료에는 있었으나 하이라이트를 압축하면서 빠진 단어를 찾아야 하는 경우가 생길 수 있다. 혹은 참조해서 인용하고 싶은 정확한 대목이 있는데, 그 대목을 문헌 메모나 영구 메모에 원문 그대로 보관하지 않은 경우도 있다. 이럴 때를 대비해서 원문 하이라이트를 여러분의 데이터베이스에 보관해 두면 필요한 정확한 구절을 신속히 검색해서 찾을 수 있다.

내가 사용하는 제텔카스텐의 폴더 구조는 다음과 같다.

▼ 데이비드의 제텔카스텐

· 📥 임시 보관함
· ? 언젠가 사용할 메모
· ✏️ 문헌 메모
· ◇ 슬립 박스
· 📑 원문

메모의 여정

시스템 안에서 메모는 다음과 같은 몇 가지 방식을 거치게 된다.

○ **책:** 나는 전자책을 읽을 때 하이라이트를 표시한다(임시 메모). 이렇게 표시해 둔 하이라이트를 나중에 평문 텍스트로 내보내기를 해서 "임시 보관함"에 보관한다. 임시 보관함에 있으면 하이라이트 내용을 처리해야 한다는 뜻이다. 이들 하이라이트를 압축해서 문헌 메모로 만든다. 가장 흥미로운 아이디어들은 각각 영구 메모로 만든다. 내보내기로 받은 하이라이트들은 "원문" 폴더에 저장해 둔다.

○ **대화:** 어느 날 친구와 저녁을 먹다가 흥미로운 이야기를 듣는다. 나는 그 즉시 메모장에 임시 메모를 한다. 나중에 그 이야기를 찾아본 뒤, 관련 사항을 영구 메모로 남긴다.

○ **팟캐스트:** 팟캐스트를 듣다가 우연히 훌륭한 인용

구문이 귀에 들어온다. 폰에 있는 메모 앱에 대략적인 타임 코드와 그 인용문의 내용을 한두 단어로 적어 둔다. 나중에 이 부분을 찾아 다시 듣고, 정확한 구문을 영구 메모에 저장한다.

제텔카스텐에서 사용하는 주요 메모 유형을 더 자세히 살펴보자.

임시 메모

임시 메모는 "급히" 적어 두는 메모다. 딱히 형식도 없고, 정리하지 않아도 된다. 임시 메모는 칵테일을 마시다 냅킨에 적을 수도 있고, 종이쪽지나 메모 앱, 공책, 심지어 읽던 책의 페이지 여백에 적을 수도 있다. 전자책 단말기의 하이라이트 기능도 임시 메모로 분류할 수 있다.

임시 메모를 작성하는 목적은 "언젠가 내가 기억해내거나 참조하고 싶을 법한 흥미로운 무언가가 여기 있음"이라고 표시하기 위해서다. 나중에 임시 메모를 문헌 메모나 영구 메모, 언젠가 사용할 메모로 변환할지 판단하는 데 필요한 정도의 정보만 기록해 두면 된다.

내가 사용하는 제텔카스텐에 보관된 몇몇 임시 메모

사례를 소개하자면 다음과 같다.

○ **책의 하이라이트.** 내가 읽은 책에서 하이라이트한 부분을 리드와이즈Readwise(문장 수집 서비스—편집자 주) 서비스를 통해 나한테 보낸 것이다. 내보내기로 이 하이라이트를 내 임시 보관함에 보냈다.

○ **내가 적은 트윗.** 내가 쓴 트윗에 "좋아요"를 누르면, 이 트윗이 자동으로 내 임시 보관함으로 보내진다.

○ **팟캐스트에서 들은 인용문.** 이 경우 구문이 짧고 단순해서 폰에 있는 메모 앱에 원문 그대로 적을 수 있었다. 나중에 이 메모를 앱에서 내 임시 보관함으로 보냈다.

○ **주머니 속 메모장에 기록해 둔 아이디어.** 내 기억을 되살려 줄 것이 확실한 한두 단어만 적었다. 나중에 전자 메모로 다시 적어서 임시 보관함에 저장했다.

○ **큰 공책에 기록해 둔 생각.** 자유롭게 글을 쓰고 있었는데, 문득 한 대목이 유독 마음에 와닿았다. 그래서 밑줄을 쳐 둔 다음 나중에 전자 메모로 다시 적어서 임시 보관함에 저장했다.

임시 메모는 자기한테 편한 방식으로 기록하면 된다. 임시 메모를 작성하는 이유는 단 하나다. 나중에 더 깊이 생각할 기회가 확실히 있을 것 같은 곳에 메모를 기록해 두기 위해서다. 이렇게 기록해 두고 난 뒤, 다시 하던 일로 돌아가면 된다.

문헌 메모

문헌 메모는 여러분이 소비한 미디어를 약식으로 요약한 것이다. 책이나 논문을 읽었건, 팟캐스트를 청취했건, 다큐멘터리를 시청했건, 전문가와 대담을 나누었건 다 마찬가지다. 문헌 메모는 여러분이 알게 된 핵심 내용을 기억해 내기 위해 다시 검토하는 메모다. 흔히 글머리 표를 적용해서 주제별 목록 형식으로 만든다.

대개 문헌 메모를 작성할 때는 임시 메모를 자료로

삼는다. 곧이어 자세히 설명하겠지만, 나의 경우 어떤 책을 읽고 문헌 메모를 작성할 때면 내가 그 책을 읽으면서 내보내기 기능으로 보냈던 하이라이트를 참조한다.

문헌 메모는 신속히 검토할 수 있게 내용을 잘 상기시켜 주는 역할만 하는 것이 아니다. 문헌 메모를 작성하는 과정에서 여러분은 자료를 이해할 수 있게 된다. 직접적인 인용 구문과는 달리, 문헌 메모는 여러분만의 표현으로 내용을 다시 고쳐 쓴 것이다. 문헌 메모를 작성하려면 무엇을 알게 되었는지, 알게 된 내용을 친구(또는 미래의 자신)에게 어떻게 설명할지 생각해 보아야 한다. 이렇게 하면 다른 어떤 방법보다 자료 내용을 잘 기억할 수 있게 된다.

영구 메모

영구 메모는 하나의 아이디어를 설명해 놓은 것으로 메모 주제와 관련된 메타데이터, 그 메모와 관련된 다른 메모, 메모의 출처가 주석으로 달린다.

영구 메모를 작성할 때는 대개 문헌 메모를 출처로 삼는다. 문헌 메모에서 가장 중요한 아이디어만 취해서 각각 하나의 메모로 만들어 다른 메모들과 연결한다. 영구 메모가 많이 쌓이면 논문이나 책을 집필할 만한 초고를 만들수 있다.

영구 메모는 여러분이 떠올리거나 접한 최고의 아이디어가 여러분의 제텔카스텐 안에서 궁극적으로 도달하는 최종 목적지다. 사실, 여러분의 영구 메모가 바로 여러분의 제텔카스텐이다. 영구 메모는 여러분이 어떤 아이디어를 종합해서 새로운 무언가로 만들기 전에 그 아이디어가 거쳐가는 마지막 정거장이다.

메모 다시 고쳐 쓰기 vs 메모 복사·붙이기

임시 메모를 작성한 다음 문헌 메모로 고쳐 쓰고, 이것을 다시 영구 메모로 고쳐 쓰는 과정은 비경제적으로 보일 수 있다. 이렇게 하는 목적은 오로지 하나다. 이들 메모를 다시 고쳐 써서 완성작을 만들기 위해서다. 고도로 자동화된 디지털 세상에 사는 우리는 글을 쓰기만 하면 디지털 텍스트로 기록되는 '특수 펜'을 꿈꾼다. 몇몇 메모 앱은 텍스트를 다양한 곳에서 역동적으로 업데이트하는 기능이 있다고 뽐내기도 한다. 복사·붙이기를 해서 "효율성"을 높이고 싶은 마음도 든다. 하지만 이는 잘못된 생각이다.

생산성이라고 하면 우리는 여전히 조립 라인형 생산 방식만 생각한다. 하지만 위대한 아이디어는 선형적, 단계적 과정에서는 구축되지 않는다. 이런 과정에서는 모든 단계를 빨리 밟아야만 "효율성"이 높아진다. 헨리 포드가 창안한 조립 라인은 불필요한 낭비를 없애고 신속하게 자동차를 만들 수 있도록 했다. 하지만 자동차를 생산하려면 설계가 먼저다. 그런데 이 과정에서는 속도를 높이기가 쉽지 않다. 위대한 아이디어를 생산하는 데 장애가 되는 것은 여러분의 글쓰기 속도나 여러분이 써야 하는 글의 양이 아니다. 아인슈타인이 $E=mc^2$라는 공식을 도출할 때까지 얼마나 많은 생각과 준비 과정이 필요했을지 생각해 보라.

그런데 이렇게 생각하다 보면 앞서 언급했던 오해를 다시 하게 된다. '메모 작성은 지겨운 작업이다', '메모는 읽은 내용을 영혼 없이 전부 적는 것이다' 등과 같은 오해 말이다. 막상 메모를 작성하기 전까지는, 방금 읽은 것—혹은 이미 적은 것—을 자기 방식대로 다시 고쳐 쓰는 것이 지겹거나 무의미해 보인다. 나 역시 종종 다시 고쳐 쓰기에 거부감을 느끼지만, 그래도 꿋꿋이 메모를 다시 작성한다. 그러면 대개 예상치 못한 무언가를 얻는다. 가령 단어 하나에 집착하다가 내가 생각만큼 아이디어를 파악하지 못했다는 것을 깨닫기도 한다. 또는 개념을 설명할 더 뚜렷한 방법이 머리에 떠오르기도 하거나, 다시 고쳐 쓴 메모를 다른 메모와 연계할 방법이 생각나기도 한다. 이렇듯 나는 조금씩 메모 작성 과정을 신뢰하게 되면서 불평을 멈추고, 다시 고쳐 쓰는 법을 터득해 가고 있다.

세상에서 가장 오래된 이야기는 구전 설화다. 고대의 이야기꾼들은 이곳저곳 떠돌면서 같은 이야기를 되풀이해서 들려주었다. 그러면서 구전 설화에도 다윈주의에서 말하는 진화가 일어났다. 이야기를 되풀이할 때마다 내용이 조금씩 변하더니, 문자로 기록될 시기에 이르자 가장 인상적인 요소만 살아남은 것이다. 메모 작성도 마찬가지다. 시간을 들여 자기만의 방식으로 내용을 재구성해서 메모를 다시 고쳐 쓸 때도 가장 뚜렷하고 인상적인 요소만 남는다. 이 과정에서 지식을 더욱 내면화하게 됨은 물론이다.

그러므로 복사·붙이기를 하고 싶은 마음이 들더라도 유혹에 굴하지 말라. 구체적인 인용 구문을 그대로 정확히 기록해야 하는 경우더라도, 이와 별도로(깊이 주의를 기울여!) 다시 써 보는 노력을 아끼지 말라. 틀림없이 그렇게 해서 얻게 되는 결과에 놀라게 될 것이다.

적어 둘 가치가 없는 것은 무엇일까?

적어 둘 필요도 없고, 다시 고쳐 쓸 필요는 더더욱 없는 것들도 당연히 있다. 완전히 암기하고 있는 내용은 굳이 적어 둘 필요가 없다(단, 다른 것들과 연결할 내용이면 예외다). 제텔카스텐은 정보를 검색하기 위한 것이 맞다. 하지만 검색할 메모를 작성하는 과정에서 정보를 외우게 되기도 한다. 정보를 외우거나 검색할 필요가 없다면 구태여 적을 필요가 크게 없다(다만, 자신을 속이지는 말라. 우리는 자신의 기억력을 과대평가하는 경향이 있다).

제텔카스텐을 관리하기 시작하면서 품게 되는 "근본적인" 의문 가운데 하나는 메모를 작성할 가치가 있다고 판단하는 기준이 무엇이냐는 것이다. 어차피 디지털이라 적는 데 돈이 드는 것도 아니니 많이 작성하는 것이 좋다고 생각하는 사람들도 있다. 그런가 하면, 억지로라도 제일 중요한 내용만 기록하도록 손으로 적으면서 메모 작성 과정을 천천히 진행하는 사람들도 있다. 나는 이 양극단의 가운데 어디쯤에 있다. 나는 중요한 것만 적으려고 노력한다. 이렇게 자제하는 이유는 다른 사람의 아이디어를 생각하느라 내 모든 두뇌 능력을 소모하고 싶지 않기 때문이다. 나는 공상도 하면서 스스로 아이디어를 떠올릴 수 있도록 정신 에너지를 남겨 두고 싶다.

역동적인 업데이트가 필요한가?

몇몇 앱은 한 번만 작성하면 다양한 곳에서 참조할 수 있게 되어 있다. 이런 기능은 꽤 그럴싸해 보이지만, 과연 그럴 필요가 있을까? 내 생각에는 과대평가된 기능 같다. 먼저, 앞서 설명했듯 메모를 다시 고쳐 쓰는 것은 그만한 가치가 있기 때문이다. 다음으로 메모를 다시 고쳐 쓰는 이유는 맥락이 다르기 때문이다. 문화비평가 마셜 매클루언 Marshall McLuhan이 지적했듯, "미디어가 메시지"다. 모든 매체는 각자의 특징에 따라 같은 아이디어도 다른 방식으로 표현하게 한다. 이메일 제목이 X(구 트위터)과 다르듯 X는 기사문과 다르고, 기사문은 연설문과 다르다. 미디어는 저마다 서로 다른 정보 밀도와 언어 복잡성을 요구한다.

예외가 될 수 있는 한 가지가 바로 학술적 글쓰기다—이는 제텔카스텐 사용자들에게는 커다란 예외다. 같은 분야의 논문은 모두 똑같이 서두에 그 분야의 현재 지식을 소개한다. 그러므로 같은 구절을 다시 고쳐 쓰는 것을 피할 수 있다면, 또 여러 논문에 있는 같은 내용을 한 번에 업데이트할 수 있다면 이는 큰 이득이 된다.

제텔카스텐에 참조할 텍스트를 얼마나 열심히 채울지는 어디까지나 여러분의 업무 순서에 달려 있다. 그래도 나는 다시 고쳐 쓰는 작업이 그리 나쁘지 않다고 생각한다. 아니, 사실은 좋다고 생각한다.

10	
	독서법

여러분의 제텔카스텐 속 메모의 출처는 주로 여러분이 읽은 책이나 기사, 논문일 것이다. 읽은 내용을 효과적으로 기억하고 알게 된 내용을 글에 잘 녹여 내려면, 독서에 대한 접근법이 달라야 한다. 지금 읽고 있는 텍스트 내용을 제대로 흡수하고 싶다면 다음의 단계를 따라 해 보기를 바란다.

읽기

읽으면서 임시 메모를 작성한다. 이를 위한 최고의 방법은 읽는 동안 물리적으로 메모를 하는 것이다. 중요한 부분을 하이라이트 표시하고 텍스트 여백이나 별도의 공책에 적는다. 개인적으로 나는 이렇게 하면 편히 읽을 수 없어서 전자책 단말기에 하이라이트 표시만 한다. 그러다가 놓치고 싶지 않은 생각이 떠오르면, 하이라이트 표시를 하고 메모를 덧붙여서 나중에 처리하도록 한다.

하이라이트 표시한 부분 내보내기

독서를 마치면 하이라이트 표시한 부분들을 내보내기로 전송한다. 나는 마크다운으로 보내는 것을 좋아한다. 리드와이즈라는 서비스는 하이라이트 부분을 자동으로 불러오는 기능이 있어서 마크다운으로 보낼 때 편하다. 이외에도 전자책 단말기에서 하이라이트 표시한 부분에 접근하는 다른 방법들도 있지만, 사용하는 플랫폼에 따라 방법이 다르기 때문에 웹에서 해당 플랫폼을 검색하는 것이 최선이다.

○ 종이책을 읽는 경우라면?

종이 텍스트를 읽고 있다면 당연히 하이라이트 표시한 부분을 마크다운으로 보낼 수 없다. 이런 경우 두 가지 선택지가 있다. 먼저 다음 단계로 직행해서 하이라이트 부분을 다시 하이라이트 표시하면 된다. 아니면 이 단계를 건너뛰고 그다음 단계로 넘어가서 하이라이트 부분을 압축하면 된다. 여러분에게 편한 업무 순서가 무엇인지, 많은 메모 가운데 가장 흥미로운 메모들로 범위를 좁히면서도 검토 중인 내용을 잘 보존해 주는 쪽이 무엇인지 생각해서 판단하면 된다.

○ **가능하면 디지털 독서를**

본디 나는 종이 책을 읽는 감성을 무척 좋아한다. 하지만 지금은 디지털 독서의 가치도 알게 되었다. 나는 영어 책을 구하기 힘든 남아메리카로 이주하면서 어쩔 수 없이 디지털 독서로 전환한 경우이다. 지난 수년간 내가 읽은 책은 거의 모두 디지털 도서다. 처음에는 종이 책에 대한 상실감에 슬펐지만, 지금은 잘했다 싶다. 하이라이트 부분을 즉석에서 검색할 수 있고 휴대하기도 편하다는 점, 참조하고 싶으나 하이라이트 표시해 두지는 않은 내용도 검색할 수 있다는 점은 믿기 힘들 정도로 큰 장점이다. 여러분이 종이 책 애호가라고 하더라도, 디지털 독서를 강력히 권하고 싶다. 최소한 제텔카스텐에 담을 계획으로 읽는 책들은 디지털 도서를 이용하기를 바란다.

하이라이트 부분을 다시 하이라이트 표시하기

하이라이트 표시한 부분을 일단 내보내기로 보낸 다음, 다시 검토하면서 그 가운데 제일 흥미로운 부분을 다시 한번 하이라이트 표시한다. 이것은 일종의 정신 에너지 관리 기법이다. 이렇게 하면 책을 읽는 동안에는 오롯이 독서에 집중할 수 있다. 어떤 대목이 유용한지 아닌지 깊이 생각하지 않아도 된다. 독서를 마친 다음, 어떤 부분이 나중에 다시 고쳐 쓰고 싶을 만큼 흥미로운지 되짚어 보도록 한다.

나는 마크다운의 평문 하이라이트 부분은 간단히 텍스트 편집기에서 텍스트를 볼드체로 굵게 만드는 것으로 다시 "하이라이트 표시해서 강조"한다. 종이책을 다시 검토하는 경우, 다른 색으로 하이라이트 표시하거나 펜으로 밑줄을 치면 된다.

가령 숀케 아렌스의 『제텔카스텐』 텍스트에서 하이라이트 표시하고 싶은 부분은 다음과 같이 볼드체로 강조했다.

교육심리학자 키르스티 롱카Kirsti Lonka 교수는 비범한 성적으로 논문 심사에 합격한 박사 학위 예정자들의 독서법과 이들보다 우수하지 않은 학생들의 독서법을 비교 연구했다. 그 결과, 한 가지 중대한 차이점이 드러났다. 바로 텍스트의 주어진 틀 너머로 생각하는 능력이었다. 이 능력이 차이를 만드는 결정적인 역할을 하는 것으로 나타났다(Lonka 2003, 155f). 학술 활동 경험이 많은 독자들은 텍스트를 읽을 때 대개 머릿속에 여러 질문을 품으면서 읽으며, 텍스트를 다른 접근법과 연결 지으려 노력한다. 반면 이런 경험이 적은 독자들은 텍스트가 제시히는 문제와 주장의 틀을 그대로 수용하는 경향이 있다. 훌륭한 독자라면 특정 접근법이 지닌 한계를 간파하고 텍스트에 언급되지 않은 것이 무엇인지 찾아낼 수 있어야 한다.

어떤 독자에게는 위의 구절 가운데 학술 논문 인용 부분이 제일 흥미로울 수도 있다. 내 경우에는 이 하이라이트 부분을 검토하면서 논문 인용 부분보다는 아렌스가 지적한 내용을 나중에 활용할 수 있겠다고 생각했다. 그래서 그 부분을 볼드체로 하이라이트 표시한 것이다. 하이라이트 표시할 부분을 고를 때는 여러분이 하는 작업과 가장 관련 있고 가장 의미 있는 것이 무엇인지 생각해서 판단하면 된다 (생산성 전문가 티아고 포르테Tiago Forte는 이처럼 하이라이트 표시한 부분을 선별해서 다시 하이라이트 표시하는 것을 가리켜 "점진적 요약"이라고 부른다).

하이라이트 부분을 압축해서 문헌 메모 만들기

처음 하이라이트 표시한 부분 가운데 다시 선별한 하이라이트 부분을 자세히 살펴본 뒤, 흥미로운 내용을 자기만의 방식으로 다시 고쳐 쓴다. 이것이 바로 임시 메모를 문헌 메모로 바꾸는 과정이다. 하이라이트 표시한 부분을 다 요약하지 않아도 좋다. 가장 알고 싶은 정보나 장차 활용할 것 같은 정보만 챙기면 된다.

앞에서 내가 아렌스의 글 가운데 하이라이트 표시했던 부분을 다시 살펴보자.

학술 활동 경험이 많은 독자들은 텍스트를 읽을 때 대개 머릿속에 여러 질문을 품으면서 읽으며, 텍스트를 다른 접근법과 연결 지으려 노력한다. 반면 이런 경험이 적은 독자들은 텍스트가 제시하는 문제와 주장의 틀을 그대로 수용하는 경향이 있다. 훌륭한 독자라면 특정 접근법이 지닌 한계를 간파하고 텍스트에 언급되지 않은 것이 무엇인지 찾아낼 수 있어야 한다.

이 부분을 나는 다음과 같이 나만의 표현으로 다시 고쳐 썼다.

경험 많은 독자들은 독서 중에 질문도 하고 다른 가능한 관점과 연관 짓기도 한다. 경험 적은 독자들은 주어진 관점을 당연한 것으로 받아들인다. 이들은 텍스트에 언급되지 않은 내용에 대해서는 생각하지 않는다.

거듭 말하지만, 이런 구절을 다시 고쳐 쓰는 방식은 사람에 따라 얼마든지 다를 수 있다. 나는 아렌스보다 정확성이 떨어지는 언어를 사용한다. 위에서도 "대개", "경향이 있다"와 같은 수식어구는 생략했다. 내가 쓰는 글에는 그렇게 하는 편이 더 어울리기 때문이다. 이렇게 해야 "자기만의 표현"이 나온다. 마치 완성 작품이 될 글을 쓰듯 다시 고쳐 쓰면 된다.

내 경우, 바로 이 과정에서 내가 현재 다루고 있는 프로젝트나 이론에 어느 구절을 어떻게 적용할지 가장 많은 아이디어가 솟아난다. 이런 아이디어는 독서하는 중에 떠오르기도 하고 하이라이트 부분을 다시 하이라이트 표시할 때 떠오르기도 한다. 하지만 하이라이트 부분을 압축하는 이 과정이야말로 내게는 가장 유익한 발상의 시간이다. 여기에는 몇 가지 이유가 있다. 첫째, 이 시점이 되면 이 정보에 내가 이미 여러 차례 노출된 상태라서 내 머릿속에 아이디어가 잠복할 만큼 충분한 시간이 지났기 때문이다. 『시간 관리 대신 마음 관리』에서 언급했던 "수동적 재능passive genius"이 내 안에서 작동한 것이다. 둘째, 드디어 글을 쓰는 단계에 접어들었기 때문이다. 해당 구절을 나만의 표현 방식으로 어떻게 기술할지 고민하다 보면 내 머릿속에 있는 연상 기계가 가동된다. 그러면 현재 아이디어가 내 마음속의 다른 아이디어와 충돌하는 일도 종종 일어난다. 연상적 사고는 긍정적인 기분을 만든다. 그래서 이 과제가 재미있게 느껴지는 것도 의외가 아니다.

어느 구절을 적다가 관련된 무언가가 생각나면, 나는 생각난 내용을 괄호 안에 적어 둔다. 가령 아렌스의 책에

나오는 다음 구절—메모 정리를 위한 키워드 고르는 법—을
나는(두 번이나) 하이라이트 표시했다.

기록 보관원이라면 어떤 키워드가 제일 잘 맞을지 고민
할 것이다. 작가라면 나중에 이 메모의 존재를 잊었더라도 어떤
상황에서 이 메모가 필요할지 고민할 것이다.

나는 이 구절을 재작성하면서 내 생각을 하위 항목
과 괄호 안에 추가했다.

-**키워드를 선택할 때는 가장 적절한 것을 고르면 안 된다. 어떻게 해
야 그 메모가 생각날지를 판단 기준으로 삼아 골라야 한다. 그래서 관
심 있는 주제에 따라 키워드를 선정해야 한다.**

-(스토리텔링을 연구하는 경우라면, "사과"를 "과일" 파일에 넣지 말고 "불화의 상징"
이라는 파일로 분류할 수도 있다. 아담과 이브 혹은 파리스의 심판 이야기에 나오는
사과의 역할을 언급하면서 말이다.)

사실 위의 괄호 속 내용은 내가 이 구절을 다시 고쳐
쓰는 동안 생각한 것이 아니다. 오히려 고쳐 쓰기를 멈추고
열심히 사례를 떠올렸더니, 머릿속 개념이 공고해졌다.

또 한 가지 유의할 점이 있다. 내가 다시 고쳐 쓰는 구절은 "내가 관심 있는 주제"와는 전혀 관계가 없다. 이 구절은 그 구절의 맥락이나 또 다른 하이라이트 부분에서 끌어온 것이다. 이들 구절은 모두 따로 하나하나 고쳐 쓰지 않아도 좋다. 개념이 서로 통한다면 하나로 통합하면 된다.

마지막으로, 내가 압축한 구절이 굵게(또는 하이라이트) 표시되어 있다는 것에 주목하기를 바란다. 굵게 강조한 이유는 이 부분이 문헌 메모에 포함된 가장 중요한 아이디어 가운데 하나라고 생각했기 때문이다. 이런 식으로 하이라이트 부분 가운데 다시 하이라이트 부분을 선별하고 또다시 하이라이트 부분을 선별하도록 한다.

문헌 메모를 잘게 나누어 영구 메모 만들기

이제 문헌 메모에서 제일 흥미로운 아이디어들만 골라서 각각 별개의 영구 메모를 만든다. 영구 메모는 메모 하나에 아이디어 하나만 담아야 한다. 뒷부분에서 어떻게 이들 아이디어 하나하나를 잘 맞추고 섞어서 논문과 책을 탄생시킬 수 있는지 보여 주도록 하겠다.

사실 지금까지 사례로 제시했던 구절들은 영구 메모

가 되지 못했다. 실제로 여러분이 임시 메모나 문헌 메모로 작성한 내용은 대부분 영구 메모가 되지 못한다.

내가 작성한 영구 메모 가운데 하나를 예로 들자면 다음과 같다.

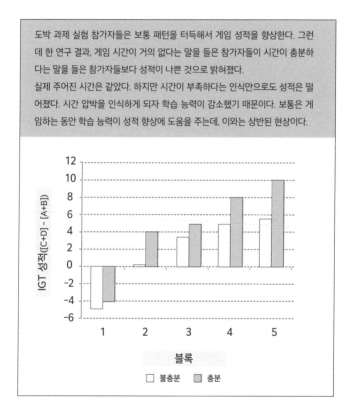

도박 과제 실험 참가자들은 보통 패턴을 터득해서 게임 성적을 향상한다. 그런데 한 연구 결과, 게임 시간이 거의 없다는 말을 들은 참가자들이 시간이 충분하다는 말을 들은 참가자들보다 성적이 나쁜 것으로 밝혀졌다.
실제 주어진 시간은 같았다. 하지만 시간이 부족하다는 인식만으로도 성적은 떨어졌다. 시간 압박을 인식하게 되자 학습 능력이 감소했기 때문이다. 보통은 게임하는 동안 학습 능력이 성적 향상에 도움을 주는데, 이와는 상반된 현상이다.

이것이 바로 메모의 "알맹이"다. 이 메모가 잘 쓴 글이 아니라는 것은 인정하지만, 여기에는 아이디어가 간결하게 표현되어 있다. 대개 나는 이미지는 메모에 넣지 않는다. 하지만 이 메모에는 연구 결과로 발견한 그래프를 첨부했다.

이외에도 이 영구 메모는 여러 구성 요소로 이루어져 있다. 나의 고유한 생각, 관련 메모들과의 링크, 출처가 되는 문헌 메모, 메모 정리에 사용된 키워드도 메모에 포함되어 있다.

관련 메모들과의 링크는 다음과 같은 식으로 작성했다.

 # 관련 메모

-[[하버드 - 시간 압박은 창의성을 떨어뜨린다]]

- 마음이 급해지면 뇌 손상을 입은 것과 같을까? [[전전두엽 피질 손상 환자는 학습하지 못했다 | 복내측 전전두엽 피질 환자 역시 아이오와 도박 과제 중 학습에 실패했다]]

나는 마크다운으로 메모를 작성한다. 따라서 위의 메모에 대해 조금 설명할 필요가 있다. 앞서 마크다운 사례

로 제시했던 것과 마찬가지로 이중대괄호 "[[" 속에는 메모의 이름이 적혀 있다. 두 번째 항목에서 " | " 표시 다음에 오는 부분은 이 메모의 맥락에 더 잘 맞는 링크를 기술한 것이다. " | " 표시 뒷부분은 마크다운 호환 앱으로 이 메모를 해석할 때 메모 제목 자리에 나타나게 된다. 이 맥락에서 중요한 것은 "전전두엽 피질 손상 환자는 학습하지 못했다"가 아니다. 그런 환자가 시간 압박을 받은 정상인과 정확히 똑같은 과제를 하면서 정상인과 마찬가지로 학습하는 데 실패했다는 사실이 중요하다. 나는 링크 앞에도 서론처럼 "마음이 급해지면 뇌 손상을 입은 것과 같을까?"라고 적었다. 이번에도 링크 맥락에 적합하도록 그렇게 적은 것이다.

다음으로 이 영구 메모의 출처가 된 문헌 메모로 되돌아가는 링크도 있다. 이 부분은 다음과 같은 식으로 작성했다.

> **경유:** [[시간 압박을 의식하면 패턴 인식 능력이 감소한다]] — **아이오와 도박 과제**

링크 뒤에 "아이오와 도박 과제"라고 언급한 이유는 이것이 실험 참가자들이 했던 과제명이며, 이렇게 하면 이

맥락에서 내 기억이 되살아나기 때문이다. "아이오와 도박 과제"는 이 연구에 관한 문헌 메모 제목에 포함될 정도로 내 작업에 중요하지는 않다. 이 연구의 결과를 종합하면 "시간 압박을 의식하면 패턴 인식 능력이 감소한다"는 것이다.

마지막으로 나는 영구 메모에 키워드도 넣었다. 키 워드에 대해서는 나중에 더 이야기하겠지만, 이번 사례에서 는 키워드가 딱 하나였다.

#시간압박

여러분의 작업 성격에 따라 더 세세한 서지 정보를 기입하고 싶을 수도 있을 것이다. 일반적으로 내가 하는 작 업에는 각주가 필요 없다. 하지만 필요한 경우에는 대체로 수작업으로 각주를 검색한다. 학술 보고서를 쓰는 중이라면 서지 정보를 별도의 메모로 작성할 것이고, 관련된 모든 메 모에 이 정보를 기입할 때도 있다.

읽는 책마다 이 모든 단계를 다 밟을 필요는 없다

이런 식으로 단계를 하나하나 다 밟으면 책이나 논문을 읽는 과정이 길어진다. 그러다 보면 메모 작성은 지루한 일이라는 신화만 영원히 남게 된다. 하지만 책이나 논문을 읽을 때마다 이 과정을 따라야 하는 것은 아니다.

나는 여전히 "즐거움"을 위한 독서도 많이 한다. 소설책을 읽을 때도 그렇고, 논문이나 책을 가볍게 훑어보면서 깊이 파고들 만큼 흥미로운지 타진해 볼 때도 그렇다.

앞에서 언급했던 과정은 어디까지나 내가 가장 보존하고 싶은 책이나 논문을 읽을 때 따르는 과정이다. 때에 따라 나는 하이라이트 표시한 부분을 내보내기로 보내지도 않고, 다시 하이라이트 표시하지도 않는다. 때로는 영구 메모를 만들 때 내가 작성한 문헌 메모를 출처로 삼지 않기도 한다. 어떻게 할 것인지는 자료에 대한 나의 관심도에 따라 결정된다. 그리고 나의 관심도는 내가 진행 중인 프로젝트가 무엇이냐에 따라 좌우된다.

만약 여러분이 이 과정을 따르는 것이 지루하게 느껴진다면, 그 이유는 셋 중 하나다. 여러분이 검토하고 있는 자료가 진행 중인 프로젝트와 별로 관련 없는 것처럼 느껴

지거나, 흥미롭지 않거나, 여러분이 이미 너무 잘 아는 내용이라 굳이 메모를 작성할 필요를 못 느끼기 때문이다. 부디 이 과정의 모든 단계를 일일이 다 밟아야 한다고 느끼지 않았으면 좋겠다. 때로는 방금 읽은 것을 처리하기보다는 낡은 메모를 다시 검토하거나, 새로운 무언가를 읽거나, 무언가를 쓰는 편이 더 생산적이다.

11	
	파일 명명법

제텔카스텐 사용자들 사이의 가장 큰 논쟁거리는 바로 파일 명명법이다. 새로운 메모를 만들거나 오래된 메모로 작업할 때, 파일 명명 방식에 따라 작업 효율성이 결정되기 때문이다. 파일명을 보고 메모 내용을 짐작하는가? 파일명을 보면 관련 메모를 쉽게 찾을 수 있는가? 나중에 메모 내용이 처음 생각했던 것과 다르다고 판단될 경우, 같은 파일명을 미래에도 그대로 사용할 수 있는가? 이런 질문들은 모두 파일명을 정할 때 고려해야 하는 문제들이다.

가장 일반적인 파일 명명법 가운데 몇 가지를 소개하면 다음과 같다.

1. 문장으로 된 파일명

┌─────────────────────────────┐
│ 📄 자아 고갈은 실재하는가 │
└─────────────────────────────┘

○ **만드는 법**: 의미 있는 문장을 파일명으로 삼는다. 가령 앞서서 사례로 제시했던 내 메모의 파일명은 "전전두엽 피질 손상 환자는 학습하지 못했다"였다.

○ **찬**: 문장을 파일명으로 삼았을 때 가장 좋은 점은 검색 결과나 다른 메모와의 링크에서 파일명만 봐도 파일 내용을 알 수 있다는 것이다. 하지만 메모의 맨 앞에 무슨 메모인지 알리는 제목을 다는 편을 더 선호하는 사용자들도 있다. 그런 사람들은 아래 소개하는 다른 명명법 가운데 하나를 사용하면 된다(메모 첫 줄을 미리보기로 보기 쉬운지 아닌지에 따라, 어떤 앱이나 맥락에서는 상대적으로 이런 방법이 덜 유용할 수 있다). 파일명을 뭐라 정할지 생각하다 보면 일 처리 속도가 느려질 수 있다. 하지만 이것은 장점이다. 억지로라도 작업을 멈추고 메모에 대해 생각한 다음 자기만의 표

현으로 기술하게 만들기 때문이다.

○ **반:** 혹시라도 나중에 메모가 다른 내용이라고 판단할 수도 있고, 아니면 메모 이름을 바꾸는 것이 좋겠다는 생각이 들 수도 있다. 이렇게 되면 제텔카스텐 전체에서 그 메모와 연결된 링크가 깨져 버린다. 하지만 자동으로 링크를 업데이트하는 프로그램들도 있다. 그렇지 않은 경우라도, 찾기·바꾸기 기능을 사용하여 제텔카스텐을 검색해서 모든 링크를 바꾸면 된다.

2. 고유 ID 번호

> 🗋 **20210414080511**

○ **만드는 법:** 메모 내용과 무관한 고유 ID를 파일명으로 삼는다. 텍스트 확장 소프트웨어를 설치해서 단축키로 ID를 생성할 수 있다. 많은 사용자가 20210414080511처럼 '연월일시분초YYYYMMDDHHMMSS'를 나타내는 타임

스탬프를 고유 ID 번호로 사용한다.

○ **찬:** 고유 ID의 주된 장점은 파일명을 바꾸더라도 링크가 깨질 염려가 없다는 것이다. 이렇게 하면 메모에 이름을 더 빨리 붙일 수 있다. 하지만 이는 장점이라고만 할 수는 없다. 메모 내용이 무엇인지 생각하는 시간을 갖는 것도 도움이 되기 때문이다.

○ **반:** 고유 ID는 메모 내용과는 무관하다. 그래서 메모를 찾는 데 도움이 되지 않는다.

3. 폴게제텔Folgezettel

> 📄 23a2c5b

○ **만드는 법:** 이 방법은 가장 복잡한 명명법이다. 그러나 세상에서 제일 유명한 제텔카스텐 사용자였던 니클라스 루만이 선호했던 명명법이기도 하다.
폴게제텔은 독일어로 "후속 쪽지"라는 뜻이다. 이 명

명법을 사용하면, 메모 주제에 따라 암호화된 고유 ID가 메모 이름이 된다. 고유 ID에 표시된 숫자·문자 조합을 따라가다 보면 생각의 순서를 따라가게 된다. 메모 1을 "이브는 에덴동산에서 사과를 먹음으로써 원죄를 범했다"라고 하자. 메모 1a는 "제우스가 파리스에게 '가장 아름다운 여신에게'라고 적힌 사과를 줌으로써 파리스의 심판과 뒤이어 트로이 전쟁을 촉발했다"라고 하자.

> **1**
> 이브는 에덴동산에서
> 사과를 먹었다.

> **1a**
> "가장 아름다운 여신
> 에게"라고 적힌 사과를
> 받은 파리스

이 경우 메모 1에 제시된 사고의 흐름이 메모 1a로 확장된다. 즉 메모 1a는 구전 설화에서 사과가 불화의 상징으로 사용되었음을 보여 준다. 원한다면 여기에 메모 1a1을 새로 추가할 수도 있다. 가령 구전 설화에 "가장 아름다운 사람"이라는 표현이 나오는 사례를 들어, "백설 공주 이야기에서 왕비가 거울에게 물었다. '세상에서 가장 아름다운 사람은 누구지?'"라고 기록하는 식이다. 그러다 보면 다음과 같이 메모 1b를 작성하게 된다. "백설 공주 동화 속 왕비가 백설 공주에게 독이 든 사과를 주었다. 이것은 사과가 불화의 상징으로 사용된 또 하나의 사례다."

1b
백설 공주 속 왕비가 백설 공주에게 독이 든 사과를 주었다.

1
이브는 에덴동산에서 사과를 먹었다.

1a
"가장 아름다운 여신에게"라고 적힌 사과를 받은 파리스

1a1
왕비가 거울에게 물었다. "세상에서 가장 아름다운 사람은 누구지?"

메모에 번호를 매길 때 어떤 방법이 옳거나 틀린지 딱히 정해져 있는 것은 아니다. 여러분의 사고의 흐름만 잘 따르면 된다. 처음 메모 1에서는 불화의 상징이 사과라고 했지만, 메모 1a1에서는 불화의 근원이 "가장 아름다운 사람" 혹은 미모 경쟁이라고 언급했다. 여기서 더 나아가 메모 1a1a도 만들 수 있다. "나르시스Narcissus는 강물에 비친 자기 모습에 반해서 눈을 떼지 못하다가 그대로 야위어 죽었다." 이 메모

> **1**
> 이브는 에덴동산에서 사과를 먹었다.

> **1b**
> 백설 공주 속 왕비가 백설 공주에게 독이 든 사과를 주었다.

> **1a1**
> 왕비가 거울에게 물었다. "세상에서 가장 아름다운 사람은 누구지?"

> **1a**
> "가장 아름다운 여신에게"라고 적힌 사과를 받은 파리스

> **1a1a**
> 나르시스는 강물에 비친 자기 모습에서 눈을 떼지 못했다.

에서는 자기 모습에 반한 인물을 자만심의 상징이라고 이야기하고 있다. 이렇게 해서 우리는 백설 공주 속 왕비가 거울에게 묻는 장면을 별개의 두 가지 사고의 흐름에 연결했다. 하나는 "세상에서 가장 아름다운 사람"이고, 다른 하나는 강물에 비친 모습이다.

○ **찬**: 폴게제텔 방식의 장점은 모든 메모에 고유 ID가 있고 이 ID에 의미가 부여된다는 점이다. ID를 이루는 숫자와 문자에 반복적으로 노출되다 보면 ID에서 의미를 발견할 수 있다. 그러면 파일명을 절대로 바꾸지 않게 될 것이다. 게다가 이 방법을 사용하면 메모 하나하나에 대해 더 생각하게 되어, 현재 진행 중인 작업의 맥락 안에서 어떤 메모가 잘 맞는지 결정할 수 있게 된다. 폴게제텔의 마지막 장점은 어떤 메모를 볼 때 파일명 목록에 있는 인접한 메모들은 모두 이 메모와 관련된 메모라는 사실이다. 그러면 메모를 바탕으로 더 큰 규모의 작업을 할 수 있다.

○ **반**: 폴게제텔의 주된 단점은 디지털 제텔카스텐

에서는 불필요하다는 것이다. 폴게제텔 방식을 쓰면 메모의 순서에 따라 종이를 쉽게 정리할 수 있어서, 이 방식은 종이 메모를 바탕으로 하는 제텔카스텐에서 그 장점이 가장 크게 두드러진다.

하지만 폴게제텔은 비계층적이어야 하는 시스템에서 메모를 계층적으로 정리하게끔 만든다. 앞선 사례만 해도 앞에 제시된 것과 다르게 메모를 배열할 수 있다. 메모 1에는 이브가 사과를 먹는다는 내용을 적음으로써 불화의 상징인 사과를 처음 언급한다. 메모 2에는 왕비가 거울과 이야기한다는 내용을 적음으로써 거울을 처음 언급한다. 이렇게 하면 나르시스가 강물을 응시한다는 내용의 메모는 2a 항목에 놓이게 된다.

1
이브는 에덴동산에서
사과를 먹었다.

2
왕비가 거울에게 물었
다. "세상에서 가장 아름
다운 사람은 누구지?"

1a
"가장 아름다운 여신
에게"라고 적힌 사과를
받은 파리스

2a
나르시스는 강물에 비
친 자기 모습에서 눈을
떼지 못했다.

1b
왕비가 백설 공주에게
독이 든 사과를 주었다.

이런 식으로 하면 같은 메모지만 처음과 다르게 하향
식으로 정리된다. 그래도 "세상에서 가장 아름다운
사람이 누구지?"라고 묻는 왕비를 다룬 메모를 "가장
아름다운 여신에게"라고 적힌 사과를 받은 파리스에
관한 메모와 연결하고 싶다면 어떻게 하면 될까? 링
크나 키워드를 활용하면 된다.

1

이브는 에덴동산에서 사과를 먹었다.

2

왕비가 거울에게 물었다. "세상에서 가장 아름다운 사람은 누구지?" 1a

1a

"가장 아름다운 여신에게"라고 적힌 사과를 받은 파리스 2

2a

나르시스는 강물에 비친 자기 모습에서 눈을 떼지 못했다.

1b

왕비가 백설 공주에게 독이 든 사과를 주었다.

1

이브는 에덴동산에서 사과를 먹었다.

2

왕비가 거울에게 물었다. "세상에서 가장 아름다운 사람은 누구지?"

#가장아름다운여신에게

1a

"가장 아름다운 여신에게"라고 적힌 사과를 받은 파리스

#가장아름다운여신에게

2a

나르시스는 강물에 비친 자기 모습에서 눈을 떼지 못했다.

1b

왕비가 백설 공주에게 독이 든 사과를 주었다.

폴게제텔은 종이 메모 제텔카스텐에서 특히 효과적
이었다. 이 방식을 사용하면 찾기 쉬운 순서로 메모
를 정리할 수 있기 때문이다. 니클라스 루만의 제텔
카스텐에는 주제 목록이 있었고, 주제마다 메모 이
름 한두 개를 적어서 각 주제의 진입 지점으로 삼았
다. 여기서 출발해서 루만은 인접한 메모를 보거나
다른 메모와의 링크를 따라가면서 이 메모에서 저
메모로 옮겨 다녔다. 이러한 폴게제텔식 번호 매기기
방식은 디지털 메모로는 불가능한 일을 할 수 있게
해 준다. 디지털에서는 문장을 파일명으로 사용하기
때문이다.

대신 디지털 제텔카스텐에서는 메모에 이름을 붙일
필요가 없어서, 주제를 중심으로 메모가 모여 무리
를 이룬다. 그러면 한 메모에서 다른 메모로 신속히
링크를 따라갈 수 있다. 키워드에 관련된 모든 메모
를 한눈에 볼 수도 있다. 또한 어떤 메모가 여러분이
현재 보고 있는 메모에 링크되어 있는지까지 알 수
있다. 이뿐만 아니라, 검색 범위가 메모의 주요 주제
나 링크에만 국한되지 않는다. 제텔카스텐으로 검색

하면 메모에 있는 단어 하나하나가 검색 결과로 나온다.

4. 여러 방법을 종합한 파일명

> 📄 23a2c5b · 자아 고갈은 실재하는가 ≫ 질문

○ **만드는 법:** 문장과 고유 ID, 폴게제텔을 사용해서 여러분만의 고유한 파일 명명법을 만들 수 있다. 파일명에는 여러분이 유용하다고 생각하는 데이터는 무엇이든 추가해도 좋다. 가령 파일명마다 폴게제텔 코드로 시작해서 유용한 문장을 추가한 뒤 키워드나 고유 문자를 덧붙여서 해당 파일의 성격을 명시할 수 있다.

예를 들면 나르시스에 관한 메모에는 "1a1a-나르시스가 강물에 비친 자기 모습을 응시했다-사례"라는 이름을 붙일 수 있다. 이렇게 명명하면 여러분이 만든 폴게제텔 코드와 유용한 문장도 포함되는 데다, "사례"라는 키워드 덕분에 다양한 카테고리의 메모

도 쉽게 찾을 수 있다. 키워드 말고도 인용문, 사실, 이야기 등 다른 카테고리도 파일명에 추가할 수 있다. 이렇게 표시해 두면 나중에 글을 쓸 때 정확히 필요한 카테고리의 정보를 쉽게 찾을 수 있다.

○ **찬**: 다양한 기법 가운데 취사선택해서 여러분만의 고유한 파일 명명법을 만들면 여러분의 업무 순서에 맞춤형으로 파일명을 만들 수 있다는 점이 가장 큰 장점이다.

○ **반**: 다양한 기법 가운데 취사선택해서 여러분만의 고유한 파일 명명법을 만들 때 가장 큰 단점은 이 명명법을 수정하고 변경하느라 얼마나 많은 시간과 에너지를 소모하게 될지 알 수 없다는 것이다. 잘못하면 파일 명명법을 실험하느라 제텔카스텐으로 생산적인 일을 영영 못 하게 될 수도 있다. 여러분이 가지고 있는 제텔카스텐의 규모가 클 경우, 여러분이 만든 최신 명명법에 맞게 모든 메모에 이름을 다시 붙이려면 일거리가 너무 많아질 수 있다. 게다가 이

방법은 미래에도 유효한 방법이 아니다. 파일명 가운데 일부를 바꾸면 그 파일에 연결된 링크들도 전부 바꿔야 한다. 물론 이 작업은 디지털 제텔카스텐으로는 그다지 어려운 일이 아니다.

12

키워드·태그 선택법

제텔카스텐은 키워드와 태그를 알맞게 선택해서 사용해야 한다. 그래야 지식과 아이디어로 무장한, 자유롭게 접근 가능한 데이터베이스로서 제텔카스텐이 제대로 기능할 수 있다. 특정 주제와 관련된 메모를 수집하는 작업은 완제품 제작을 위한 원자재를 구축하는 것과 같다.

그런데 메모의 키워드를 선택할 때 최초의 직감을 따르면 얻는 것보다 잃는 것이 더 많을 수 있다. 숀케 아렌스의 『제텔카스텐』에서는 효과적인 키워드 선택법을 다음과 같이 설명한다.

사람들이 키워드를 선택하는 방식을 보면, 그들이 기

록 보관원처럼 생각하는지 아니면 작가처럼 생각하는지 뚜렷이 드러난다. 메모를 어디에 저장할지 고민하는가? 아니면 메모를 어떻게 검색할지 고민하는가? 기록 보관원이라면 어떤 키워드가 제일 잘 맞을지 고민할 것이다. 작가라면 나중에 이 메모의 존재를 잊었더라도 어떤 상황에서 이 메모가 필요하게 될지 고민할 것이다. 여기에는 중대한 차이가 있다.

여러분이 제텔카스텐을 활용하는 목적은 여러분의 지식과 아이디어를 글로 승화하기 위해서다. 짐작건대, 여러분이 작성하고 있는 글에는 고유한 관점이 있을 것이다. 그러므로 "심리학"과 같은 포괄적인 키워드는 피하도록 하라. 어떤 주제를 연구하는 초기 단계에서는 이렇게 하기가 힘들 수 있다. 그렇더라도 가능한 한 빨리 눈에 보이는 패턴을 바탕으로 키워드를 만들도록 하라. 이런 키워드는 여러분이 작업 중인 이론에 영향을 미친다.

특정하게 한정된 유일무이한 키워드

하나의 아이디어에만 특정하게 한정된 키워드, 포괄적인 여러 아이디어에서 벗어난 유일무이한 키워드를 선택하도록 한다. 시나리오 작가이자 스토리텔링 강연자인 로버트 맥키Robert Mckee의 조언을 바탕으로 내가 작성한 메모를 예로 들겠다. 맥키는 그의 저서 『시나리오 어떻게 쓸 것인가』에서 다음과 같이 말한다.

완성된 시나리오에는 당연히 작가의 창작 노동이 100% 반영되어 있다. 그런데 이 작업 가운데 대부분, 즉 머리를 싸매고 고군분투하며 들인 노력의 75%는… 마지막 막의 클라이맥스를 창작하는 데 할애된다.

나는 이 글을 읽고 영구 메모를 작성하기 위해 맥키의 조언을 나만의 언어로 고쳐 썼다. 그런 다음, 이 메모에는 과연 어떤 키워드를 달았을까? 이 메모의 포괄적인 주제는 "글쓰기"와 "시나리오 쓰기"다. 내가 기록 보관원의 사고방식을 가지고 있다면 아마 이 두 가지를 키워드로 삼을 것이다. 이들 키워드는 다른 사람들이 포괄적인 지식 카테고리를 바탕으로 이 메모를 찾는 데에는 도움이 될 것이다. 하지만 나는 기록 보관원이 아니라 작가의 사고방식으로 생각한다. 나는 광범위하게 시나리오 쓰기라는 주제로 글을 쓰는 데는 관심도 없고 그럴 만한 자격도 없다. 전반적인 글쓰기라는 주제에 대해서는 더욱 그렇다. 내가 이 구절에 관심을 가진 이유는 따로 있다. 이 구절이 내가 위대한 작가들의 조언에서 발견한 특정한 패턴과 잘 맞아떨어지기 때문이다. 맥키의 조언을 접하니, 글쓰기에 관한 다른 조언이 떠올랐다. 바로 어니스트 헤밍웨이의 조언이다.

나는 청새치가 짝짓기하는 모습을 본 적이 있어서 잘 안다. 그래서 이 내용은 생략한다. 또한, 같은 바다에서 50마리가 넘는 향유고래 떼를 본 적도 있다. 한번은 길이가 거의 60피트에 달하는 고래 한 마리에 작살을 꽂았지만 놓치고 말았다. 그래서 이 내용도 생략했다. 이렇듯 어촌에서 알게 된 모든 이야기는 생략한다. 하지만 빙산에 비유한다면, 수면 아래 잠겨 있는 부분을 이루는 것이 바로 지식이다.

빙산이라니? 헤밍웨이는 다른 구절에서 다음과 같이 자세히 설명한다.

움직이는 빙산이 위엄 있게 보이는 이유는 전체 빙산

가운데 오로지 1/8만이 수면 위에 나와 있기 때문이다.

혜밍웨이가 하려는 말은 그의 글에서 우리 눈에 보이는 부분은 빙산의 일각에 불과하다는 것이다. 무대 뒤편에서 작용하는 지식은 더 많다. 그는 자기가 아는 것을 전부 들려주지는 않지만, 그 지식 덕분에 그의 글에는 우아함과 신뢰가 더해진다.

혜밍웨이가 우리에게 공유해 주는 이 철학은 무척이나 아름다울 뿐만 아니라, 내가 작가로서 알게 된 사실과 잘 들어맞아서 진심으로 마음에 와닿는다. 그런 만큼 그의 철학에는 고유한 키워드를 붙일 만해서, 나는 빙산의 원칙이라는 키워드를 골랐다.

맥키의 조언은 시나리오 작업의 75%가 클라이맥스에 할애된다는 내용이다. 이 조언은 빙산에 관한 혜밍웨이의 의견과 연결된다. 그래서 나는 맥키의 인용문에 관한 영구 메모에 #글쓰기 또는 #시나리오쓰기 대신, #빙산의원칙이라는 태그를 달았다.

빙산의 원칙을 뒷받침(하거나 반박)하는 사례를 수집하면, 이 아이디어에 관한 글 한 편―또는 짧은 한 단락―을 쓸 소재를 수집하게 된다(아니면 반대로 완전히 쓸데없는 생각이라는 것을 알게 될 것이다). 물론 헤밍웨이의 의견이 옳다면, 완성 작품에는 내가 수집한 메모의 극히 일부만 포함될 테지만 말이다.

링크 vs 태그 vs 두 가지 다

헤밍웨이와 맥키의 글을 바탕으로 각각 작성한 두 개의 메모에는 #빙산의원칙이라는 태그만 붙일 수 있는 것이 아니다. 이 두 메모는 서로 링크로 연결할 수도 있다. 심지어 이들은 폴게제텔 ID라는 똑같은 뿌리도 공유할 수 있다. 그렇다면 이들을 링크로 연결하고 동시에 태그도 달아야 할까(더 나아가, 가능하다면 같은 ID도 공유해야 할까할까?)? 이것은 어디까지나 수사적인 질문일 뿐, 정답은 없다.

한편으로는 이미 같은 태그를 공유하는데 서로 링크로 연결한다는 것이 불필요한 일인 것처럼 보인다. 검색 기능을 이용하면 태그된 모든 메모를 찾을 수 있으니 말이다. 하지만 다른 한편에서 보면, 태그는 링크만큼 메모와 메모를 확실히 연결한 것이 아니다.

또 다른 의문도 있다. 메모 A가 메모 B에 링크되어

있다면, 메모 B도 메모 A에 링크되어야 할까?

　　개인적으로 나는 과하다 싶을 정도로 간결성을 유지하려고 노력한다. 그래서 두 개의 메모가 같은 태그를 공유한다면 서로 특별히 관련 있고 의미 있을 때만 둘을 링크로 연결한다. 또한 메모 A를 메모 B에 링크로 연결하면 일반적으로는 메모 B를 다시 메모 A에 링크하지는 않는다. 그 대신 내가 사용하는 메모 앱에 있는 기능을 활용한다. 내가 지금 보고 있는 메모에 어떤 메모들이 링크되어 있는지 보여 주는 기능이다. 이런 식으로 하면 메모 B를 메모 A에 명시적으로 링크하지 않아도 메모 B를 보는 동안 메모 A가 메모 B에 링크로 연결되어 있다는 것을 알 수 있다. 하지만 메모 A를 메모 B에 링크한 다음 메모 B를 보면, B에서 A로 중복 링크를 만들어 사고 과정을 촉진하는 결과를 얻을 수도 있다.

13	
	편안한 유지 관리 의식

제텔카스텐을 유지 관리하는 데에는 어느 정도 노력이 필요한데, 그것이 자칫 큰 부담이 될 수 있다. 특히 나처럼 컴퓨터 쓰는 시간을 최소화하고 싶어 하는 사람에게는 더욱 그렇다. 하지만 제텔카스텐 관리라는 의식을 편안하게 설계하면 얼마든지 쉽고도 재미있는 시간이 될 수 있다.

편안한 맥락

나는 "맥락"을 중심으로 제텔카스텐 관리 의식을 설계했다. 먼저 다음과 같이 자문했다. 어떤 상황에서 제텔카스텐 작업이 가능한가? 어떻게 하면 작업 과정 내내 편안할 수 있을까?

나는 활동할 때, 누워 있을 때, 기대어 있을 때, 일어서 있을 때 등 네 가지 주요 맥락을 중심으로 나만의 의식을 설계했다. 이런 식으로 하면 하루 중 잠깐만 컴퓨터 앞에 앉아 있으면 된다. 또한 돌아다니면서도 얼마든지 제텔카스텐을 관리할 수 있다.

네 가지 맥락을 자세히 살펴보면 다음과 같다.

○ **활동할 때:** 요리하다가도, 샤워하다가도, 친구와 저녁을 먹으며 이야기를 나누다가도 불현듯 아이디어가 떠오를 때가 있다. 나는 종종 활동 중에 팟캐스트를 듣는다. 물론 대화도 아이디어를 낳는 큰 원천이 된다. 활동하다가 아이디어가 떠오르면 놓치고 싶지 않다. 줄 서서 기다리거나 치과에서 순서를 기다릴 때도 SNS를 훑어보는 것 외에 무언가를 하고 싶다.

○ **누워 있을 때:** 내 경우, 가장 편안한 독서 자세는 누워서 읽을 때다. 소파도 좋고 해먹hammock(기둥 사이나 나무 그늘 같은 곳에 달아매어 침상으로 쓰는 그물—편집자 주)도 좋다. 책 읽을 때는 대부분 이렇게 누워서 읽는 것

을 좋아하는 탓에, 나는 대개 독서 중에는 자세한 임시 메모를 작성하지 않는다. 대개 전자책 단말기에 하이라이트 표시를 하고, 간간이 하이라이트 부분에 짧은 메모를 덧붙인다.

○ **기대어 있을 때:** 기대어 있는 자세는 창의적인 사고를 하기에 더없이 좋은 자세다. 아마 그래서 마이클 셰이본Michael Chabon과 같은 작가들이 뒤로 기대어 앉아서 집필 작업을 많이 하는가 보다. 트루먼 커포티 Truman Capote가 그랬듯 말이다. 나 역시 글쓰기 작업 대부분은 리클라이너 의자에서 한다. 병원 침상처럼 침대용 탁상을 리클라이너 위에 두고 거기에 태블릿 PC와 키보드를 놓고 작업한다.

○ **일어서 있을 때:** 나는 가능한 한 컴퓨터를 적게 사용하려 한다. 쉽게 높낮이를 조절할 수 있는 책상을 사용해서 번갈아 가며 서서도 일하고 앉아서도 일한다.

대체로 나는 컴퓨터는 링크 연결하기, 태그 달기, 메

모 정리하기에만 사용한다. 임시 메모 요약은 기대어 앉아 있을 때 한다. 독서는 누워서 한다. 임시 메모는 활동하는 동안 한다. 이 밖에도 줄을 서야 하거나 식당이나 대기실에서 기다리는 동안 핸드폰으로 다양한 단계에 있는 메모에 접근하기도 한다. 이런 경우는 내가 하이라이트 표시한 부분을 다시 하이라이트 표시하기에 특히 좋은 기회다.

맥락에 맞는 활동

다음은 내가 어떤 맥락에서 어떤 활동을 하는지 표로 정리한 것이다.

	임시 메모	문헌 메모	영구 메모	기타
활동할 때	아이디어 포착, 팟캐스트 타임 코드 메모, 임시 보관함 분류	기다리는 동안 하이라이트 부분 다시 하이라이트 표시하기	해당 없음	해당 없음
누워 있을 때	독서 중 하이라이트 표시하기, 브레인스토밍	하이라이트 부분 다시 하이라이트 표시하기	해당 없음	해당 없음
기대어 있을 때	브레인스토밍	하이라이트 요약	해당 없음	글쓰기
일어서 있을 때	임시 보관함 분류	해당 없음	영구 메모 만들기, 태그 달기, 링크하기	태그 인덱스 만들기

　이렇게 하는 목적은—『시간 관리 대신 마음 관리』에서 기술했듯—나의 정신 상태와 내가 원하는 사고 유형을 맞추기 위해서다. 이처럼 상황에 따른 사고 유형을 설정해 둔 덕에 나는 영구적으로 작동하는 메모 기계처럼 언제나 발전할 수 있다.

14	
	# 메모에서 완성작으로

제텔카스텐은 메모를 완성된 글로 만드는 데 그 의미가 있다. 메모를 작성하면 마음속 지식을 강화하는 데 도움이 된다. 또한, 메모 작성 행위는 미니 초안을 발전시키는 것과도 같다. 그래서 나중에 이 초안을 바탕으로 완성된 글을 만들면 된다.

태그 인덱스

어떤 주제에 관한 메모를 작성하고 나면, 그렇게 얻은 지식으로 얼마든지 제로 베이스에서 초안을 작성할 수 있을 것 같은 생각이 든다. 하지만 메모에서 곧장 초안으로 넘어가는 것이 뭔가 단계를 건너뛰는 느낌이 들 때는 먼저 태그 인덱스를 만드는 것부터 시작한다.

디지털 제텔카스텐을 사용하면 어떤 태그와 관련된 모든 메모를 쉽게 검토할 수 있다. 신속 검색 기능을 사용하거나 태그 호환 가능한 텍스트 편집기 인터페이스에 접속하면 된다. 하지만 태그 인덱스를 만들어 두면 어떤 주제와 관련된 여러 메모에 접근할 기회가 더 많아진다.

가령 생존자 편향의 오류에 관한 글을 작성하면서 나는 #생존자편향이라는 태그 인덱스를 만들었다. 그 결과물은 다음과 같다. (다음 페이지 참고)

매우 짧은 사례이지만 이것을 보면 한 편의 글이나 한 권의 책을 쓰는 데 필요한 전체적인 개요를 어떻게 세울 수 있을지 알 수 있다(#생존자편향은 포괄적인 키워드처럼 보일 수 있다. 하지만 이 경우, 이 키워드를 사용하는 동안 내 머릿속에는 포괄적이지 않은 이론이 떠올랐다).

생존자 편향의 유용한 응용

생존자 편향으로 데이터를 해석하지 않도록 방지할 것: [[아브라함 왈드Abraham Wald는 귀환한 전투기들의 기체에서 가장 적게 훼손된 부분을 보강해야 한다고 주장함.]]

생존자 편향의 오류에 빠지지 말 것: [[생존자 편향이 반영된 우편 사기]] (사기꾼들은 정확한 예측을 받은 사람들에게만 후속 편지를 보낸다).

생존자 편향의 반대 사례

[[소설 퀸스 갬빗은 출간하고 37년 후 뉴욕타임스 베스트셀러가 되었다]] - 따라서 37년간 이 소설은 "비생존자" 가운데 하나였다.

관련 사항?

[[편집은 과대평가되고, 다시 고쳐 쓰기는 과소평가된다]] 사람들은 좋은 글을 보면 쉽게 만들어졌다고 생각한다. 하지만 실제로 그들 눈에 보이는 것은 "살아남은" 글, 즉 고쳐 쓴 글이다.

모두 하나로 붙이기

어쩌면 여러분은 태그 인덱스를 하나도 만들지 않고 곧장 글쓰기로 건너뛸지도 모른다. 어떤 사람들은 기존 메모들을 바탕으로 모든 메모 내용이 역동적으로 포함된, 이미 작성된 것과 같은 글을 마법처럼 짓기를 꿈꾼다. 하지만 앞서 말했듯 나는 이것이 디지털 제텔카스텐에 대한 과대평가라고 생각한다.

평소 나는 태그 인덱스를 출발점으로 삼아 작업을 시작한다. 글의 흐름에 따라 인덱스를 재배열한 다음, 별도의 문서에 맨 처음부터 다시 고쳐 쓴다. 이런 식으로 나는 작가들을 괴롭히는 '글길 막힘 현상'의 싹을 잘라 버렸다. 이것이 가능한 이유는 내가 이미 작성한 것을 대부분 복사할 수 있기 때문이다. 하지만 나는 언제나 고쳐 쓰는 과정에서 내 의견을 더 생생하게 표현할 방법을 발견한다. 그리고 내 메모에는 없는 추가적인 아이디어도 얻는다.

15	
	메타데이터

메모에 메타데이터를 포함시키면 장차 검색 범위를 좁히는 데 도움이 된다. 또한 완성작을 만들 때 글쓰기 과정에서 속도를 낼 수도 있다. 반면 너무 많은 메타데이터를 포함시키려 들면, 작업 속도도 느려지고 제텔카스텐 관리가 따분한 숙제처럼 느껴질 수도 있다.

개인적으로 나는 내 메타데이터를 가능한 한 가볍게 유지한다. 가령 내 메모들 가운데 메타데이터까지 포함한 어떤 메모의 전체 모습을 보면 다음과 같다.

작가가 추정하건대, 몇몇 예외를 제외하면 『바람과 함께 사라지다』의 모든 장은 "최소 20회" 다시 고쳐서 작성되었다.

내 생각

무언가를 만들어 낼 때 얼마나 많은 품이 드는지를 보여 주는 좋은 사례다.
작가가 자리에 앉으면 참신한 글이 저절로 나온다고 생각할지 모르지만, 사실은 그렇지 않다.

관련 사항

— [[로버트 맥키 - 모든 아이디어를 일일이 다 사용하지 말 것]]
— [[로버트 맥키에 따르면, 전체 이야기 만들기 작업에 드는 노력의 75%가 클라이맥스에 할애된다고 한다]]

『리추얼』 메이슨 커리 Mason Currey

#마무리 #빙산의원칙 #사례 #창의적낭비

위의 메타데이터에는 많은 것이 "빠져" 있다. 『바람과 함께 사라지다』의 작가가 누구였더라? 작성 당시 작가 이름이 떠오르지 않았다. 나는 작가 이름을 메모에도 넣지 않았다. 리드와이즈가 내 이메일 임시 보관함으로 보낸 하이라이트 부분을 바탕으로 이 메모를 작성했기 때문이다. 하이라이트 부분에 우연히 작가의 이름이 포함되는 일은 벌어지지 않았다. 이메일과 함께 하이라이트 부분이 도착하자, 나는 하이라이트를 내 임시 보관함에 복사해서 붙였다. 그런 다음 나중에 메모를 처리했는데, 여전히 작가 이름은 기록하지 않았다. 언젠가 이 사례를 글감으로 사용하기로 하면 작가의 이름을 찾아볼 예정이다(마거릿 미첼Margaret Mitchell).

엄밀히 따지면, 이것은 메타데이터라기보다는 소중한 정보다. 메타데이터에 해당하는 것은 이 정보가 언급된 책의 제목 『리추얼』과 이 책의 저자 메이슨 커리다. 심지어 메타데이터 가운데 빠진 부분도 있다.

실제로 『리추얼』은 서로 다른 부제를 지닌 두 가지 버전이 있다. 리드와이즈는 내 임시 보관함에 하이라이트를 보낼 때 부제는 포함하지 않고 발송했다. 나는 이 하이라이트가 어느 버전에서 발췌한 것인지 자신 있게 알고 있어서 굳이 부제를 기록하지 않았다. 행여나 잊어버리더라도, 원전을 검색하려 할 때—내 전자책 단말기의 검색 기능을 이용해서—책 두 권만 찾으면 어떤 것이 원전인지 알 수 있다.

더 구체적인 메타데이터가 필요한 이유를 뒷받침하는 극단적인 사례를 들어 보자. 예상만큼 내 기억력이 좋지 않다면? 내 전자책 단말기에 저장된 책 복사물에 접근할 수 없다면? 어느 날 수백 가지 버전의『리추얼』이 생긴다면? 이런 극단적인 사례는 충분히 일어날 수 있는 일이지만 그럴 가능성은 워낙 낮은 탓에, 나로서는 더 신속하게 메모를 포착하기 위해 위험을 감수할 만하다.

여러분은 메타데이터에 대한 접근 방식이 나와는 다를 수 있다. 특히 학술적 글쓰기를 위해 제텔카스텐을 사용한다면 더욱 그렇다. 이 경우에는 저자명이나 논문 제목이 뇌리에 깊이 각인되지 못할 수도 있어서 결국 서지 정보를 인용할 필요가 생기기 때문이다.

어떤 사람들은 메모별로 포착하는 메타데이터 포인트 목록이 있다. 이들은 텍스트 확장 소프트웨어를 사용하여—단 몇 글자만 입력해서—이 목록 전체를 생성한다. 예를 들면 다음과 같다.

제목:

저자:

웹:

생성 날짜:

편집 날짜:

태그:

　　여러분은 부디 다양한 양의 메타데이터로 실험하기를 바란다. 메모를 검색하고 메모로 작업할 때 과연 자신이 어떤 정보를 계속해서 가져오는지 주목하라. 자신의 기억에서 정보를 꺼내오고 있다면, 그 정보를 한 달 후나 1년 후 또는 몇 년 후에도 기억할 가능성이 얼마나 있는지 자문해 보라. 실험이 잘 되면, 여러분의 메모 작성 속도를 떨어뜨리지 않으면서도 메모 검색과 메모 작업을 수월하게 만드는 메타데이터 접근법을 찾을 수 있을 것이다.

16	
	시작하기

부디 이 짧은 책이 자신의 업무 순서에 맞는 디지털 제텔카스텐 구축 방안을 고민하는 여러분에게 도움이 되었기를 바란다. 아마 처음부터 완벽한 제텔카스텐을 구축할 수는 없을 것이다. 이제 제텔카스텐을 잘 유지 관리하려면 어떤 고려 사항이 중요하고 어떤 행동을 취해야 하는지 알게 되었으니, 가장 먼저 해야 할 일은 시작하기다. 일단 시작한 뒤 업무 순서를 방해하는 난제가 무엇인지 관찰한 다음, 도움이 필요하면 다시 이 책을 참고하기를 바란다(혹시 완벽주의로 인한 마비 상태에 빠져 고군분투하고 있다면, 내가 쓴 책 가운데 도움이 될 만한 책이 하나 있다. 『출발을 위한 마음가짐: 미루는 것을 멈추고 창작을 시작하라The Heart to Start: Stop Procrastinating & Start Creating』).

특정 툴

이 책 서두에서 지적했듯, 오늘날 기술이 워낙 빨리 변하기 때문에 특정 툴을 많이 언급할 수는 없다. 나를 비롯한 다른 제텔카스텐 사용자들이 현재 어떤 툴을 사용하는지 알고 싶다면, 내 웹사이트를 방문해서 참고하기를 바란다 (kdv.co/zet).

데이비드 카다비의 다른 저서

『시간 관리 대신 마음 관리: 창의력이 중요한 경우의 생산성

Mind Management, Not Time Management: Productivity When Creativity Matters』

『출발을 위한 마음가짐: 미루는 것을 멈추고 창작을 시작하

라 The Heart to Start: Stop Procrastinating & Start Creating』

『해커를 위한 디자인 레슨: 디자인을 이해하는 공학적 사고

방식 Design for Hackers: Reverse—Engineering Beauty』

추천 도서

『책 쓰는 법 How to Write a Book』

저자 소개

데이비드 카다비

베스트셀러 『시간 관리 대신 마음 관리: 창의력이 중요한 경우의 생산성Mind Management, Not Time Management: Productivity When Creativity Matters』과 『출발을 위한 마음가짐: 미루는 것을 멈추고 창작을 시작하라The Heart to Start: Stop Procrastinating & Start Creating』의 저자다. 타임풀Timeful에서 디자인 어드바이저로 일하면서 그의 마음 관리 원칙을 여러 가지 생산성 기능에 적용했다. 2015년 구글이 타임풀을 인수하면서 이 기능들을 구글 캘린더에 통합했고, 현재 수많은 사람이 사용하고 있다. 데이비드는 콜롬비아 메데인에 거주 중이다.

❎ kadavy

역자 소개

김수진

이화여자대학교와 한국외국어대학교 통번역대학원을 졸업한 후 공공기관에서 통번역 활동을 해 왔다. 현재 번역 에이전시 엔터스코리아에서 번역가로 활동하고 있다. 옮긴 책으로는『제텔카스텐: 글 쓰는 인간을 위한 두 번째 뇌』, 『나에게 보내는 101통의 러브레터』,『딜리셔스』,『슬기로운 사피엔스 생존기』,『잠의 쓸모』,『어떻게 행복해질 것인가』,『혐오와 대화를 시작합니다』,『완경기, 그게 뭐가 어때서?』,『나만 그런 게 아니었어』,『로맨틱, 파리』,『언제나 당신이 옳다』,『어떻게 미래를 예측할 것인가』,『네오르네상스가 온다』,『본질에 대하여』,『세계 문화 여행: 스페인』,『이터너티』,『생체리듬의 과학』,『나폴레온 힐 부와 성공의 열쇠』, 『여전히 사랑이라고 너에게 말할 거야』,『나의 작은 탐험가』,『쉽게 믿는 자들의 민주주의』,『밀레니엄 그래픽노블』 등 다수가 있다.

디지털 제텔카스텐

스쳐 지나가는 아이디어를 붙잡는 가장 확실한 방법

초판 1쇄 2024년 7월 10일

지은이 데이비드 카다비
옮긴이 김수진

책임편집 이윤형
표지디자인 말리북
본문디자인 말리북

펴낸곳 데이원
출판등록 2017년 8월 31일 제2021-000322호
연락처 070-7566-7406, dayone@bookhb.com
팩스 0303-3444-7406

디지털 제텔카스텐 ⓒ 데이비드 카다비, 2024
ISBN 979-11-6847-665-3 13300